EVOLUCIÓN Y CLAVES DE LA ACTIVIDAD EMPRENDEDORA EN LA REGIÓN

**INFORME GEM
MURCIA 2024-25**

DIRECCIÓN PROYECTO GEM MURCIA
Alicia Rubio Bañón

DIRECTORA TÉCNICA
Nuria Nevers Esteban Lloret

Patrocinan

Colaboran

Fondo Europeo de Desarrollo Regional
"Una manera de hacer Europa"

1ª Edición 2025

ISBN: 978-84-10172-75-3
DEPÓSITO LEGAL: MU-1921-2025

Impreso en España - Printed in Spain

Maquetación: Lalak Estudio.
Impresión: Servicio de Publicaciones. Universidad de Murcia.
Campus de Espinardo 30100 MURCIA

EVOLUCIÓN Y CLAVES DE LA ACTIVIDAD EMPRENDEDORA EN LA REGIÓN

INFORME GEM MURCIA 2024-25

DIRECCIÓN PROYECTO GEM MURCIA
Alicia Rubio Bañón

DIRECTORA TÉCNICA
Nuria Nevers Esteban Lloret

EQUIPO DE INVESTIGACIÓN
J. Samuel Baixauli Soler

María Belda Ruiz

José Andrés López Yepes

Gabriel Lozano Reina

María Feliz Madrid Garre

Catalina Nicolás Martínez

Mercedes Palacios Manzano

Antonio Paños Álvarez

María Pemartín González-Adalid

Gregorio Sánchez Marín

A
PRESENTACIONES

Alberto Marín

Consejero de Economía, Hacienda y Empresa

Presentar una nueva edición del informe GEM sobre la actividad emprendedora en la Región de Murcia es, ante todo, un ejercicio de reconocimiento. Reconocimiento al talento, a la iniciativa individual y colectiva, y a la capacidad de una sociedad que ha sabido convertir la cultura emprendedora en una seña de identidad.

Este año, el análisis cobra un significado especial: culmina la vigencia de la Estrategia de Emprendimiento C(i*EMP), una hoja de ruta ambiciosa que marcó el compromiso del Gobierno regional con el impulso del emprendimiento innovador. Los resultados están a la vista: consolidación de proyectos, desarrollos tecnológicos, orientación internacional del conocimiento y una base social más dispuesta —y mejor preparada— para emprender. El balance no puede ser más positivo.

El informe GEM 2024-2025 confirma esa evolución. Se estabiliza la tasa de actividad emprendedora, sinónimo de madurez del ecosistema emprendedor; crece la percepción de oportunidades; mejora el conocimiento para emprender; casi la mitad de los proyectos incorporan innovación y aumenta también la tasa de personas al frente de negocios consolidados.

Aunque, más allá de los datos, lo que se observa es un cambio de fondo en la actitud de nuestra ciudadanía: emprender ya no es una excepción valiente, sino una opción viable para construir un proyecto profesional propio.

Por supuesto, los retos persisten. La educación emprendedora, el acceso a financiación —especialmente para las mujeres— o la consolidación de proyectos en sectores de alto valor añadido siguen siendo prioridades en las que tenemos que seguir avanzando. También lo es la integración real de la sostenibilidad y la digitalización como vectores estratégicos de futuro.

Este informe no solo nos permite tomar el pulso a nuestro ecosistema emprendedor. También nos ayuda a escuchar mejor, a afinar las políticas públicas, y a anticipar los desafíos que vienen. Por eso agradecemos el rigor del equipo investigador y el esfuerzo coordinado de todos los actores que hacen posible esta radiografía anual del emprendimiento.

Desde el Gobierno de la Región de Murcia, reafirmamos nuestra voluntad de seguir siendo aliados cercanos de quienes emprenden. Porque sabemos que cada nueva empresa no solo genera riqueza o empleo: también nos habla de una Región que cree en sí misma, que se mueve, que se transforma.

Que emprende su propio futuro.

Olga García Saz

Directora Territorial CaixaBank en la Comunitat Valenciana y Región de Murcia

El emprendimiento siempre ha sido una de las grandes fuerzas que definen el carácter de la Región de Murcia. No hablamos solo de nuevas empresas: hablamos de una forma de pensar, de un modo de interpretar la realidad y de asumir la responsabilidad de no esperar a que los cambios lleguen... sino de provocarlos.

El GEM RM 2024-25 demuestra que nuestro ecosistema sigue avanzando hacia un modelo cada vez más competitivo, más digital, más innovador y más abierto al mundo. Un escenario que también exige más acompañamiento, más financiación inteligente, y más alianzas público-privadas que refuercen el crecimiento empresarial real, el que genera empleo, capacidades y futuro económico.

En CaixaBank creemos en este modelo. Lo vemos en nuestras pymes, en nuestra relación con la universidad y los centros tecnológicos, en nuestra actividad con DayOne, en las nuevas soluciones digitales, y lo vemos, sobre todo, en las conversaciones de cada día con quien decide emprender: porque ahí es donde se percibe de verdad la ambición transformadora del territorio.

El GEM confirma ese pulso. El emprendimiento reciente se mantiene estable en la Región, con una TEA del 6,1%, el mismo nivel que en 2023, mientras que el tejido empresarial asentado muestra un avance significativo: las iniciativas consolidadas alcanzan el 5,5% de la población adulta, lo que supone 1,6 puntos porcentuales más que el año anterior.

Esta combinación, estabilidad en la creación y recuperación en la consolidación, es uno de los indicadores más elocuentes del momento emprendedor que atraviesa la Región de Murcia.

Son señales claras y positivas:

— emprendemos con convicción

— y consolidamos con madurez

Esa es la mejor noticia: nuestra tierra no solo crea empresas…
Las hace perdurar.

01

¿QUÉ ES EL GEM?

¿Qué es el GEM?
Global Entrepreneurship Monitor

El GEM es un proyecto internacional que analiza el fenómeno emprendedor en distintos contextos. Nace en el año 1999 gracias a la iniciativa conjunta de la London Business School y el Babson College. Desde entonces, cada año se publican informes que recogen los principales datos de la actividad emprendedora de ámbito internacional, nacional, regional y provincial. Utilizando el valor del gran volumen de datos recogido, los investigadores del GEM también elaboran anualmente informes sobre temas monográficos de interés para agentes económicos y sociales.

En la edición de 2024-2025 el informe GEM ofrece información sobre la actividad emprendedora analizada en 51 países participantes de los cinco continentes, en los que se ha encuestado a más de 150.000 personas, que representan al 63% de la población y el 78% del Producto Interior Bruto mundial. También se han evaluado las condiciones del entorno para emprender en 56 países, utilizando paneles de expertos nacionales y, en el caso de España, también regionales.

Desde el año 2006, la Región de Murcia participa de forma ininterrumpida en el proyecto Global Entrepreneurship Monitor (GEM), lo que permite disponer de una valiosa serie histórica sobre la evolución del emprendimiento en el territorio. A lo largo de este tiempo, los informes GEM Murcia han ofrecido anualmente información detallada acerca del contexto emprendedor regional, el perfil sociodemográfico y motivacional de las personas emprendedoras, así como datos específicos sobre la actividad emprendedora y las características de las empresas creadas.

Además, más de 300 expertos y expertas han contribuido con sus valoraciones sobre las condiciones del ecosistema emprendedor murciano, aportando una visión cualificada que complementa el análisis cuantitativo. Esta continuidad y riqueza de información convierte al informe en una herramienta de referencia tanto para la comunidad académica como para responsables de políticas públicas, agentes sociales y entidades vinculadas al fomento del emprendimiento.

Los informes que se elaboran desde el Observatorio del Emprendimiento utilizan un marco teórico de análisis común para todos los países integrantes de la red GEM Global (véase figura 1).

Figura 1: **MARCO TEÓRICO GEM**

Fuente: GEM Global 2024

¿Cómo obtenemos los datos?

El Observatorio GEM se basa en tres fuentes de información: una encuesta en profundidad a la población de 18-64 años, denominada APS (Adult Population Survey), una encuesta semiestructurada a expertos en emprendimiento, denominada NES (National Experts Survey), y un conjunto de fuentes secundarias de información (artículos científicos, informes sectoriales, análisis internacionales) que permiten profundizar en la interpretación de los datos obtenidos. Las encuestas APS y NES, basadas en el marco conceptual del Proyecto GEM, son sometidas a rigurosos

Figura 2: **FICHA DE ESTUDIO DE LA ENCUESTA APS EN 2023**

 UNIVERSO

Población residente en Murcia de 18 a 64 años

 MUESTRA

1.000 individuos

 POBLACIÓN OBJETIVO

991.801 (INE)

 FECHA DE RECOGIDA

Junio - septiembre de 2024

 ENCUESTA

Telefónica asistida por ordenador (CATI)

 DISEÑO MUESTRAL

Distribución proporcional a la población objetivo según ámbito y cruce de sexo por edad agrupada

ENCUESTA

±3,10% (para el conjunto de la muestra) para un intervalo de confianza del 95,0% (2 sigmas), y bajo el supuesto de máxima indeterminación (P=Q=50%)

 MUJER

48,9%

 HOMBRE

51,1%

11,3%	**18,9%**	**23,3%**	**20,0%**	**23,5%**
18-24 años	25-34 años	35-44 años	45-54 años	55-64 años

controles léxicos y estadísticos para asegurar que las respuestas obtenidas en todos los países participantes sean comparables.

La información presentada en este informe se fundamenta en una combinación de fuentes primarias y secundarias que permiten ofrecer una visión integral del ecosistema emprendedor de la Región de Murcia. Los datos recogidos a través de encuestas, entrevistas a expertos y análisis complementarios han sido cuidadosamente procesados y estructurados para dar soporte a los resultados expuestos en las distintas secciones del documento.

Para quienes deseen profundizar en el análisis o realizar comparaciones interregionales e internacionales, se recomienda consultar los informes regionales elaborados por los equipos de la Red GEM España, así como los informes globales y nacionales disponibles en otros países. Estos recursos están accesibles a través de los siguientes portales oficiales:

- Consorcio Internacional GEM:

www.gemconsortium.org

- Proyecto GEM España:

www.observatoriodelemprendimiento.es

Ambos sitios ofrecen acceso libre a publicaciones, bases de datos, herramientas de visualización y documentación metodológica que enriquecen el conocimiento sobre la dinámica emprendedora a nivel global y local.

02
RESUMEN EJECUTIVO

Contexto emprendedor

· **Conocimientos para emprender en aumento.**

El 31,3 % de la ciudadanía murciana percibe oportunidades de negocio, una mejora respecto al año anterior. La diferencia clave entre quienes emprenden y quienes no radica en sentirse capacitados: 78,3 % frente a 45,8 %. El miedo al fracaso sigue siendo una barrera relevante (57,8 % entre no emprendedores).

· **Murcia entre las comunidades con mayor percepción de oportunidades**

La Región se sitúa en el grupo de cabeza nacional en identificación de oportunidades y conocimientos para emprender, aunque la aversión al riesgo continúa siendo superior a la media.

· **Fortalezas en infraestructuras y sostenibilidad, carencias en educación y mercado interno**

Los expertos destacan como principales apoyos las infraestructuras físicas y de servicios y la integración de la sostenibilidad, mientras que la educación emprendedora en etapas escolares y la escasa dinamización del mercado interno siguen siendo los puntos más débiles.

· **Avances en igualdad y digitalización, pero con retos pendientes**

Se reconoce un marco cultural favorable a la igualdad, aunque las emprendedoras encuentran más barreras de acceso a financiación y servicios de apoyo. La inteligencia artificial se percibe como clave para el futuro empresarial, pero persisten carencias de capacitación y respaldo institucional.

· La inteligencia artificial como reto estratégico

La inteligencia artificial se consolida como un factor clave para la competitividad futura de las empresas. Los expertos destacan que en Murcia existe una visión más optimista que en la media nacional sobre su impacto en la innovación y la productividad. Aunque aún es necesario avanzar en formación y capacitación digital, el interés empresarial y la creciente sensibilización en torno a esta tecnología muestran un escenario favorable para su incorporación progresiva. La IA representa, por tanto, una oportunidad estratégica para fortalecer el ecosistema emprendedor regional y avanzar hacia un modelo más innovador y sostenible.

· El NECI sitúa a Murcia en una posición intermedia

Con un valor de 4,8 en 2024, la Región de Murcia presenta un contexto emprendedor competitivo, pero con margen de mejora. Destaca en sostenibilidad, políticas públicas e infraestructuras, pero arrastra debilidades que deberán ser analizadas.

Proceso emprendedor

· Estabilidad en la Tasa de Actividad Emprendedora Total (TEA): madurez del ecosistema murciano

En 2024, la TEA en la Región de Murcia se mantiene en un 6,1 %, igual que en 2023, tras el notable incremento experimentado el año anterior. Este comportamiento refleja una fase de estabilización que puede interpretarse como señal de madurez del ecosistema emprendedor regional. A pesar de situarse por debajo de la media nacional (7,2 %), la constancia del indicador sugiere que se ha alcanzado una base sólida sobre la que construir iniciativas sostenibles.

· Crecen los emprendedores consolidados: se revierte la tendencia negativa

La tasa de personas al frente de negocios consolidados (más de 42 meses de actividad) ha crecido 1,6 puntos en un solo año, alcanzando el 5,5 %. Esta recuperación supone un avance significativo frente al descenso registrado en 2023, cuando se situó en el 3,9 %, y fortalece el tejido empresarial regional al mejorar la continuidad de las iniciativas.

· La intención de emprender se incrementa, aunque sigue por debajo de la media nacional

El 9,9 % de la población murciana declara su intención de emprender en los próximos tres años, un aumento de 1,4 puntos respecto al año anterior. Aunque la Región todavía se encuentra por debajo de la media nacional (11,2 %), este incremento muestra una actitud emprendedora en alza y refleja el interés creciente de la ciudadanía por iniciar proyectos propios.

· Murcia resiste mejor el abandono empresarial

En 2024, el 2,4 % de la población ha abandonado una iniciativa empresarial, un valor ligeramente superior al de 2023 (2,3 %), pero aún muy por debajo de la media nacional (3,5 %). Además, solo el 1,6 % de estos casos corresponde a cierres definitivos, lo que indica una alta capacidad de continuidad de los negocios, incluso tras cambios de propiedad o dirección. Este dato reafirma la resiliencia del ecosistema murciano.

· Perfil del abandono: decisiones estratégicas más que fracasos

A diferencia del conjunto nacional, donde el cierre por falta de rentabilidad es el motivo más citado, en Murcia predominan causas como la "oportunidad para vender" (23 %) o el cambio hacia otro empleo (22,8 %). Esta diferencia refuerza la idea de un ecosistema sólido, en el que los abandonos no siempre reflejan fracasos empresariales, sino decisiones estratégicas o transiciones laborales.

Los emprendedores nacientes lideran la TEA

El 62,3 % de las personas emprendedoras en la Región en 2024 se encuentran en fase naciente (menos de tres meses de actividad), frente al 37,7 % de emprendedores nuevos. Esta proporción, que se consolida respecto a 2023, muestra un dinamismo temprano que, con el acompañamiento adecuado, puede traducirse en un aumento futuro de iniciativas consolidadas.

Persisten las diferencias de género

En todas las fases del proceso emprendedor, los hombres presentan tasas superiores a las mujeres. Esta brecha, también visible a nivel nacional, requiere seguir impulsando medidas que fomenten la implicación femenina, como redes de apoyo, visibilización de referentes y formación específica.

Una base sólida, pero aún margen de mejora

La Región de Murcia ha mejorado su posición relativa en la mayoría de los indicadores del proceso emprendedor. Sin embargo, el ritmo de crecimiento es más moderado que en otras comunidades, lo que ha impedido que se sitúe por encima de la media nacional. Aun así, la baja tasa de cierres y la recuperación de las iniciativas consolidadas son señales claras de un ecosistema en proceso de consolidación.

Intención de emprender y actividad en fases iniciales

A nivel internacional, los datos del GEM muestran diferencias claras según el tipo de economía. En las economías basadas en la innovación, como la española, los niveles de intención de emprender son más moderados que en economías en desarrollo, aunque con mayor probabilidad de consolidación de los negocios. En este marco, el 7,5 % de la población adulta en España declara intención de emprender, mientras que en la Región de Murcia este porcentaje es ligeramente superior, lo que refleja un ecosistema con un nivel de dinamismo cercano a la media nacional.

· **Comparativa nacional: potenciales, nacientes y nuevos**

Murcia se sitúa en una posición intermedia dentro del conjunto de comunidades autónomas en cuanto a emprendedores potenciales y nacientes, aunque con un peso ligeramente mayor de los nuevos emprendedores respecto a la media nacional. Esta situación sugiere que, aunque la intención emprendedora existe, la conversión hacia la acción efectiva todavía encuentra limitaciones.

· **Emprendimiento en fase inicial (TEA), consolidación y cierres**

La Región muestra una tasa de actividad emprendedora (TEA) similar al promedio nacional, con una proporción destacada de negocios consolidados, lo que indica cierta estabilidad en el tejido empresarial. Sin embargo, el nivel de cierres también se mantiene significativo, en línea con la tendencia española, lo que refleja los retos estructurales para garantizar la continuidad de las iniciativas.

· **Murcia, desempeño medio**

Murcia se sitúa en posición intermedia en potenciales y nacientes, con un ligero mejor desempeño en nuevos emprendedores. En TEA está en torno a la media española y destaca por un peso relativamente alto de consolidadas, aunque los cierres se mantienen alineados con el país. Madrid y Cataluña superan la media en TEA y consolidadas, mientras que La Rioja y País Vasco presentan menor intención.

· **España, baja entrada y solidez en la madurez**

España ocupa posiciones bajas en intención y en actividad reciente, TEA, pese al avance de los últimos años. Se sitúa cerca de la media en emprendedores consolidados y entre los países con menores tasas de cierre, lo que refleja un perfil conservador, menos entrada y mayor estabilidad cuando el negocio madura. Murcia reproduce este patrón en términos relativos.

Perfil de la persona que emprende

MOTIVACIONES

· **El autoempleo sigue siendo la principal motivación, aunque pierde peso**

En 2024, el principal motor del emprendimiento reciente (TEA) en la Región de Murcia sigue siendo la necesidad de ganarse la vida ante la escasez de empleo, citada por el 63 % de los emprendedores. Aunque sigue siendo mayoritaria, esta motivación mantiene una tendencia decreciente desde años anteriores (69 % en 2023), lo que podría interpretarse como un avance hacia formas de emprendimiento menos ligadas a la necesidad. Entre los emprendedores consolidados, esta razón sigue siendo la más frecuente (75 %), lo que indica que el emprendimiento por necesidad sigue teniendo un peso importante en la sostenibilidad empresarial en la Región.

· **Auge del emprendimiento ambicioso**

Las motivaciones más aspiracionales, como marcar una diferencia en el mundo o generar una renta elevada, ocupan el segundo lugar entre los emprendedores recientes, con un 41 % de menciones en ambos casos. Este doble perfil, necesidad y ambición, refleja una diversidad creciente en las razones que impulsan a emprender en la Región de Murcia. En el caso de los emprendedores consolidados, el compromiso social se mantiene fuerte (42 %), mientras que la motivación económica (32 %) pierde protagonismo.

· **Repunte de la tradición familiar como motivo para emprender**

Aunque continuar una tradición familiar es la motivación menos frecuente entre los emprendedores recientes (18 %), ha experimentado un repunte significativo de cinco puntos respecto a 2023, situando a la Región en la media nacional y en una posición intermedia dentro del contexto autonómico. Esta tendencia también se observa entre las iniciativas consolidadas (34 %), lo que podría reflejar una revalorización del legado familiar como opción de negocio.

· Contrastes regionales: necesidad y ambición conviven en el ecosistema murciano

A nivel nacional, la Región de Murcia se posiciona entre las comunidades que más emprenden por necesidad, solo superada por Extremadura, Baleares y La Rioja. Paradójicamente, también se sitúa entre las que más emprenden con objetivos económicos ambiciosos. Este doble perfil refuerza la idea de un ecosistema emprendedor heterogéneo, en el que conviven iniciativas orientadas a la subsistencia con otras motivadas por el crecimiento y la transformación.

· Género y motivaciones: el emprendimiento femenino gana en ambición

En 2024 se observa un cambio de signo en varias tendencias históricas. Por primera vez desde que el proyecto GEM analiza la motivación emprendedora con perspectiva de género, el porcentaje de mujeres que emprenden por necesidad (61 %) es inferior al de los hombres (65 %), invirtiendo la pauta observada desde 2019. Además, las mujeres superan ligeramente a los hombres en la motivación económica (43 % frente a 40 %) y reducen la brecha en la motivación social (37 % frente a 46 %).

Destaca también la fuerte diferencia en la motivación de continuar una tradición familiar, mucho más frecuente entre las mujeres emprendedoras recientes (28 %) que entre los hombres (7 %). En las iniciativas consolidadas, estas diferencias desaparecen, lo que sugiere una convergencia en el perfil de quienes logran mantener sus proyectos en el tiempo.

EDAD, FORMACIÓN, GENERO Y RENTA

· Edad: el emprendimiento se mantiene como opción madura, pero crece entre los jóvenes

La mayoría de los emprendedores recientes y potenciales en la Región de Murcia se concentra en el tramo de edad de 25 a 44 años. Sin embargo, en 2024 destaca el crecimiento del grupo de 45 a 54 años, que gana más de 10 puntos en emprendedores TEA y más de 20 puntos en potenciales. A pesar de ello, se observa una disminución relevante en la franja más joven (18-24 años), lo que refleja una incorporación aún tardía al proceso emprendedor. No obstante, el repunte de la TEA en este grupo joven hasta el 6,2%, el valor más alto de la serie histórica, indica un cambio de tendencia que podría anticipar un nuevo dinamismo juvenil si se consolidan las condiciones de apoyo adecuadas. En paralelo, el descenso del emprendimiento sénior (55-64 años) por segundo año consecutivo refuerza la idea de una retirada progresiva vinculada a factores como la jubilación o el entorno económico.

Formación: la educación impulsa el emprendimiento, pero persisten desigualdades

En 2024 se mantiene la correlación positiva entre el nivel educativo y la actividad emprendedora. La tasa de TEA entre titulados universitarios alcanza el 8 %, frente al 4-6 % de quienes cuentan con formación secundaria o primaria. Esta relación se intensifica en niveles de máster (11 %) y doctorado (8 %), lo que evidencia el papel del capital humano cualificado en la creación de empresas.

Sin embargo, la Región de Murcia presenta una menor presencia de emprendedores con formación universitaria en la fase consolidada (7 %) en comparación con la media nacional (9 %), lo que apunta a desafíos en la sostenibilidad a largo plazo de los proyectos más cualificados. Además, la ausencia total de mujeres doctoradas en el ecosistema emprendedor murciano refuerza una brecha de género persistente en los niveles más altos de cualificación.

Capacitación específica: mejora entre mujeres, pero se mantiene la brecha en hombres

La formación específica para emprender muestra una evolución positiva en 2024, especialmente entre las mujeres emprendedoras recientes, de las cuales el 49 % declara tener un nivel alto de conocimientos específicos. En contraste, entre los hombres esta proporción se reduce al 25 %, siendo mayoritaria la formación baja (43 %). Esta diferencia, que se mantiene también en la fase consolidada, pone de manifiesto la importancia de continuar reforzando las competencias emprendedoras, especialmente entre los hombres y en etapas tempranas.

A pesar de los avances, la Región sigue por debajo de la media nacional en cuanto a preparación emprendedora: solo un tercio de los emprendedores recientes declara tener un nivel alto de conocimientos, frente al 43 % en el conjunto del país.

· Equilibrio general de género, con retos en la alta cualificación

La distribución por tramos de edad y nivel educativo muestra un equilibrio de género generalizado, aunque con algunas diferencias significativas. Las mujeres emprendedoras recientes destacan por su mayor preparación específica y por una participación creciente en niveles intermedios de edad (45-54 años), lo que refuerza su papel dentro del ecosistema emprendedor. Sin embargo, su ausencia en los niveles más altos de formación académica (doctorado) y en las fases más consolidadas del emprendimiento sigue siendo un reto estructural.

· Renta: mayor dinamismo en los niveles bajos y medios

En 2024, se invierte la tendencia del año anterior: aumentan significativamente las tasas de emprendimiento en los tramos de renta baja y media (ambos en el 7,5 %), mientras que desciende entre las personas con mayores ingresos (del 8,8 % al 5,6 %). Este cambio puede reflejar una reactivación del emprendimiento por necesidad o una mayor implicación de colectivos tradicionalmente menos representados.

En comparación con la media nacional, la Región de Murcia presenta una tasa TEA sensiblemente inferior en el tramo de renta alta (9,3 % en España frente al 5,6 % regional), lo que podría interpretarse como un menor atractivo relativo del emprendimiento como opción de inversión en este grupo.

Características de las iniciativas

FINANCIACIÓN

• **Menor capital necesario para emprender, con un perfil de menor enverga-dura**

En 2024, el capital inicial medio necesario para emprender en la Región de Murcia ha sido de 70.858 €, confirmando una tendencia descendente respecto a años anteriores (84.479 € en 2023 y 80.144 € en 2022). La mitad de los proyectos han requerido menos de 18.000 €, y el valor más frecuente ha sido de apenas 3.000 €. Estos datos revelan un perfil emprendedor que prioriza modelos de negocio ligeros, digitales o autoempleos, con una clara orientación hacia la eficiencia y la contención de costes desde el inicio.

• **Desigualdades persistentes: los proyectos liderados por mujeres siguen menos capitalizados**

Las diferencias de género en el acceso a financiación continúan siendo una barrera estructural. El capital medio invertido en proyectos liderados por mujeres es cinco veces inferior al de los hombres (17.770 € frente a 101.934 €), sin que ninguna mujer haya emprendido con más de 100.000 €. Además, el 87,6 % de las iniciativas femeninas se sitúan por debajo del umbral de 30.000 €, frente al 56,1 % en los proyectos masculinos. Estas cifras reiteran la necesidad de mecanismos específicos que fomenten el acceso a financiación para las emprendedoras, especialmente en fases de crecimiento.

• **La banca tradicional pierde peso frente al entorno personal y familiar**

Los ahorros personales se consolidan como la fuente principal de financiación del emprendimiento murciano, aportando el 52,83 % del capital total de media, en línea con los datos regionales de 2023 y ligeramente por debajo del conjunto nacional (65 %).

Por primera vez, las ayudas de familiares (15,05 %) superan a los bancos e instituciones financieras (13,48 %) como segunda fuente, lo que supone un cambio significativo en la estructura de financiación. El uso de préstamos bancarios ha caído más de 15 puntos en solo un año (29,22 % en 2023), y acumula una caída sostenida desde 2021 (21,08 %). Esta evolución sugiere una menor dependencia del sistema financiero tradicional, pero también puede reflejar una pérdida de acceso o confianza, especialmente en perfiles de menor capitalización o sin garantías.

• Financiación alternativa: avances aún tímidos, pero en expansión

Aunque minoritarios, los mecanismos alternativos de financiación muestran signos de dinamismo. El uso del crowdfunding alcanza por primera vez un 1,77 % del capital semilla medio, frente al 0 % en 2023. Las ayudas públicas también ganan peso, pasando del 1,36 % en 2022 al 6,11 % en 2024, lo que evidencia un mayor aprovechamiento del apoyo institucional. La inversión privada (2,38 %) y la financiación informal (4,94 %) continúan siendo vías poco desarrolladas, aunque con potencial si se activan redes adecuadas de mentores e inversores.

• Oportunidad para las entidades financieras: acompañar al nuevo emprendimiento

El descenso del peso de la financiación bancaria en el emprendimiento murciano no debe interpretarse únicamente como desinterés, sino como una llamada a la adaptación. Los proyectos que emergen en la Región son más ligeros, digitales y escalables, pero también con estructuras jurídicas sencillas y menor aval patrimonial, lo que exige modelos de financiación más flexibles, accesibles y personalizados. Las entidades financieras que comprendan este perfil y diseñen productos adecuados, microcréditos, financiación verde, préstamos participativos o servicios no financieros de acompañamiento, tendrán una oportunidad real de reforzar su papel como aliados estratégicos del nuevo emprendimiento.

SECTOR DE ACTIVIDAD

· Estructura sectorial del emprendimiento reciente

El emprendimiento se concentra sobre todo en comercio y consumo final, 63,2%. Los servicios a empresas representan 24,9%, el sector de transformación 10,2% y el extractivo 1,6%. En comparación con 2010, el peso del consumo es claramente mayor y el resto de los sectores han perdido presencia.

· Evolución anual y comparación con España

En 2024, el sector de transformación reduce su peso respecto a 2023 un 22%, los servicios a empresas disminuyen algo más de 19% y el extractivo cae un 55%. Por el contrario, comercio y consumo final crece algo más de 21%. En el conjunto de España también aumenta el consumo, 50%, y descienden los servicios, 31%, pero en Murcia los cambios son más intensos. A escala nacional el transformador se mantiene estable y el extractivo sube un punto porcentual, mientras que en Murcia ambos retroceden.

· Empresas consolidadas por sector

Siete de cada diez empresas consolidadas se agrupan en consumo y en servicios a empresas, 70,3%. Dentro de esa distribución, consumo supone 36,9% y el transformador 33,4%, ambos ligeramente por debajo de 2023. El extractivo se mantiene casi estable en 5,6%. En España la concentración en consumo y servicios alcanza 78%.

· Género y sector en las nuevas iniciativas

En servicios al consumidor se observa un reparto más equilibrado por género, con un 62% de mujeres. El extractivo muestra una presencia femenina relativamente mayor, 3%. En el transformador, 9,9% de mujeres, y en servicios a empresas, 25,1% de mujeres, se perciben señales de mayor equilibrio.

TAMAÑO

· Menos autoempleo, más iniciativas con plantilla

En 2024 las iniciativas sin personal bajan al 36,4% en la Región de Murcia, 52% en 2023, y crecen las que tienen hasta 5 trabajadores, 48,4%, y más de 5, 9,1%. Las de más de 20 empleados suben al 6%. En España hay más proyectos sin empleados, 51%, y las TEA con más de 20 alcanzan 5%.

· Consolidadas con avance moderado del empleo

La mitad de las consolidadas no tiene personal adicional, 50,1%, menos que en 2023, 53,6%. Aumentan las de 1 a 5 empleados, 32%, y las de 6 a 19, 16,2%, por encima de España, 9%. Las de 20 o más descienden a 1,8%, frente al 7% nacional.

· Brechas de género y calidad del empleo

En recientes, las mujeres emprenden más sin contratar, 45% frente a 23,1% de hombres, y pesan menos en 1 a 5, 44,9% frente a 53,9%, y en 6 a 19, 5,1% frente a 15,2%. En consolidadas, ellas lideran ligeramente 1 a 5, 37,8% frente a 28,5%. La calidad contractual retrocede, tiempo completo 78% y contratos indefinidos 69%, mientras en España ambos mejoran.

EXPECTATIVAS DE CRECIMIENTO

· Se reduce la ambición de crecimiento, pero se mantiene la base emprendedora

En 2024, las expectativas de generación de empleo entre los emprendedores murcianos descienden de forma generalizada, tanto en iniciativas recientes (TEA) como consolidadas. Esta caída pone fin a la tendencia ascendente registrada en años anteriores y refleja un clima de mayor prudencia empresarial. El aumento de emprendedores que no prevén contratar y la reducción de quienes proyectan plantillas amplias señalan un repliegue ante un entorno percibido como más incierto.

Aun así, la Región presenta una mayor disposición a crear empleo que la media nacional Pese al descenso general, la ambición emprendedora sigue siendo superior a la del conjunto del país. Solo un 20,4% de los hombres murcianos TEA declara no prever contrataciones, frente al 35 % nacional. En el caso de las mujeres, es un 54,6 % frente al 64 %. Estos datos sugieren una actitud aún dinámica, incluso entre quienes muestran expectativas más contenidas.

Brecha de género en crecimiento esperado

Se mantiene una brecha relevante: los hombres emprendedores declaran expectativas de crecimiento mucho mayores que las mujeres. Un 20,4% de ellos prevé contratar entre seis y 19 empleados, frente a un 3,7% de ellas; un 11,8% de los hombres estima superar los 20 empleos, cifra inexistente entre las mujeres. Esta polarización señala la necesidad de apoyar el escalado femenino y promover referentes de crecimiento empresarial liderado por mujeres.

El autoempleo domina el ecosistema emprendedor murciano

Más del 64 % de las iniciativas emprendedoras en la Región de Murcia se constituyen bajo la fórmula de autónomo, tanto en las fases recientes como en las consolidadas. Este predominio, muy por encima de la media nacional, refleja una cultura empresarial centrada en el emprendimiento individual.

Baja diversificación jurídica y escasa transición a modelos más estructurados

La sociedad limitada es la segunda opción más frecuente, aunque con escasa presencia de otras fórmulas jurídicas. En las empresas consolidadas, esta limitada diversidad se acentúa, lo que sugiere una falta de evolución estructural en el tiempo.

Desigualdad de género en la formalización de los proyectos

Las mujeres emprendedoras optan en mayor medida por el autoempleo y mantienen esta forma jurídica incluso en fases consolidadas, mientras que los hombres muestran mayor tendencia a constituir sociedades mercantiles. Esta diferencia, más marcada en Murcia que en otras regiones, apunta a barreras estructurales que dificultan el acceso femenino a formas más complejas de organización empresarial.

• Sectores con necesidades diferenciadas

Los servicios, tanto al consumidor como a empresas, están fuertemente asociados al autoempleo, mientras que el sector transformador o el extractivo tienden a adoptar estructuras societarias más robustas, probablemente por requerimientos de inversión, regulación o logística.

NIVEL TECNOLÓGICO

• Ligero avance en iniciativas tecnológicas, con mejores datos en empresas consolidadas

En 2024, el emprendimiento en Murcia sigue estando mayoritariamente vinculado a actividades de bajo nivel tecnológico. Sin embargo, se observa una mejora progresiva: el 10,8 % de las empresas consolidadas y el 5 % de las TEA presentan un nivel medio-alto de contenido tecnológico, reduciendo la brecha con la media nacional.

• Brecha de género creciente en tecnología

Los hombres lideran las iniciativas con mayor base tecnológica, tanto en proyectos recientes como consolidados. Esta diferencia, que rompe la paridad alcanzada puntualmente en años anteriores, refleja una concentración masculina en sectores tecnológicos y una mayor necesidad de fomentar vocaciones STEM femeninas.

• Edad, formación y sector: factores clave de diferenciación

Los emprendedores jóvenes (18–24 años) y los sénior (55–64 años) son los que más apuestan por iniciativas tecnológicas. Además, quienes cuentan con formación universitaria, especialmente de máster o doctorado, presentan las tasas más altas de contenido tecnológico, tanto en fases TEA como consolidadas. Sectorialmente, los servicios a empresas siguen liderando en nivel tecnológico, seguidos del sector transformador.

· **El tamaño sí importa (en tecnología)**

Las iniciativas con 6 a 19 empleados muestran una orientación tecnológica mucho más clara, lo que refuerza la asociación entre capacidad organizativa y adopción de tecnología, incluso en fases tempranas.

INNOVACIÓN EN PRODUCTO O PROCESO

· **Murcia consolida un perfil emprendedor innovador**

Casi la mitad de las iniciativas TEA murcianas incorpora innovación en producto (47,9 %) o proceso (45,2 %), cifras superiores a años anteriores. También las empresas consolidadas muestran mejoras significativas, con un 36,5 % en ambos tipos de innovación. Esta evolución confirma un ecosistema que avanza tanto en lo que ofrece como en cómo lo produce.

· **Género, edad y formación: claves de la innovación**

Aunque las mujeres emprendedoras recientes se acercan en niveles de innovación a los hombres, en las empresas consolidadas la brecha se amplía: solo una de cada cuatro mujeres innova, frente a más del 40 % de los hombres.

La edad también influye: los más jóvenes (18–24 años) destacan en innovación de producto, mientras que la experiencia impulsa la innovación en procesos. Y el nivel educativo vuelve a ser decisivo: el 100 % de los doctores emprendedores TEA declaran innovar tanto en producto como en proceso.

· La innovación se extiende a todos los sectores y tamaños

Los servicios a empresas y el sector transformador lideran la innovación en iniciativas recientes. En las empresas consolidadas, el impulso innovador se mantiene sobre todo en organizaciones medianas (6 a 19 empleados), lo que sugiere que el crecimiento y la consolidación organizativa favorecen la innovación.

PERFIL DIGITAL

· Un ecosistema emergente con fuerte orientación digital

Las iniciativas emprendedoras recientes (TEA) en la Región de Murcia destacan en 2024 por una adopción de herramientas digitales superior a la media nacional. Sobresale el uso del comercio electrónico (65 %), el análisis de datos (49 %) y la previsión de uso de inteligencia artificial (37 %). Este impulso digital no se traslada todavía al conjunto del ecosistema, ya que las iniciativas consolidadas muestran niveles mucho más bajos en estas tecnologías, especialmente en IA (7 %) y análisis de datos (16 %).

· Digitalización como eje estratégico y operativo

Los emprendedores recientes integran de forma natural herramientas digitales en su actividad diaria. El uso de redes sociales (70 %), páginas web informativas (67 %) y correo electrónico (56 %) revela un perfil conectado y orientado a la comunicación digital con el cliente. Estas cifras contrastan con las de los emprendedores consolidados, donde estos usos son mucho más limitados, lo que evidencia un relevo en la cultura empresarial y una forma diferente de emprender.

· Percepciones sobre inteligencia artificial: entre el entusiasmo y la cautela

Los emprendedores recientes en Murcia identifican beneficios claros del uso de IA, especialmente en productividad (64 %), personalización de productos o servicios (60 %) e innovación (60 %). Aun así, las barreras siguen presentes:

la preocupación por la seguridad de los datos (68 %), los costes de implementación (46 %) y los dilemas éticos (41 %) aparecen como frenos a su adopción. Las empresas consolidadas también muestran reticencias, pero con menor intensidad.

· Brechas de género: mujeres más optimistas y más críticas

Las mujeres emprendedoras recientes perciben con mayor intensidad los beneficios de la IA, destacando en eficiencia (73 %) e innovación (71 %). No obstante, también expresan una mayor preocupación que los hombres en aspectos como la privacidad de los datos o la resistencia al cambio por parte de los clientes. Este doble enfoque, optimista pero exigente, puede ser clave para impulsar una adopción más consciente y responsable de las tecnologías emergentes.

EXPECTATIVAS DE ADOPCIÓN DE TECNOLOGÍAS DIGITALES

· Expectativas digitales al alza entre los nuevos emprendedores

El 74 % de los emprendedores recientes (TEA) en la Región de Murcia espera incorporar tecnologías digitales en su iniciativa empresarial, muy por encima de la media nacional. Esta predisposición se mantiene constante entre distintos perfiles, independientemente del género, sector o nivel educativo.

· Inclusión tecnológica transversal

Llama la atención que incluso entre quienes tienen estudios primarios, el porcentaje de quienes esperan digitalizar sus empresas alcanza el 85 %, lo que refleja una percepción generalizada de que la digitalización es clave para la competitividad. Esta visión transversal es una oportunidad para fomentar la inclusión tecnológica en todos los niveles del ecosistema emprendedor.

· **Empresas consolidadas: avances más lentos, pero firmes**

Aunque más moderadas, las expectativas de adopción digital también crecen entre las empresas consolidadas, situándose en un 41 %. Este dato, aunque inferior al de las iniciativas recientes, sugiere una lenta pero progresiva transformación digital en el tejido empresarial más asentado.

· **Edad, sector y tamaño: determinantes clave de la digitalización**

Los extremos generacionales lideran las expectativas de digitalización: los jóvenes de 18 a 24 años y los mayores de 55 años alcanzan tasas del 84 % y el 100 % respectivamente. Por sectores, el extractivo y el transformador presentan expectativas del 100 %, y por tamaño, destacan especialmente las iniciativas con entre 6 y 19 empleados, donde también se alcanza el 100 %. Estos datos muestran que, más allá de los estereotipos, la transformación digital es una aspiración compartida en todo el espectro emprendedor.

INTERNACIONALIZACIÓN

· **Internacionalización moderada, pero en ascenso**

La mayoría de los proyectos emprendedores murcianos sigue orientada al mercado nacional, aunque en 2024 se detectan avances en todos los tramos de exportación, especialmente entre las empresas consolidadas. Entre las TEA, se incrementa el número de iniciativas con exportaciones moderadas (26–75 %).

· **Los emprendedores más formados son los más internacionales**

El 100 % de los emprendedores con doctorado y una proporción significativa de quienes cuentan con máster o grado participan en mercados internacionales, tanto en iniciativas recientes como consolidadas. Este dato refuerza la necesidad de vincular formación avanzada y estrategia de internacionalización.

· Perfil internacional: sénior en TEA, jóvenes en consolidadas

Los emprendedores de 45–54 años lideran la orientación exterior entre las TEA, mientras que, de forma sorprendente, en las empresas consolidadas destacan los jóvenes de 18–24 años. Esto podría estar relacionado con procesos de sucesión, digitalización o reapertura de negocios familiares con proyección internacional.

· Género, sector y tamaño: las claves pendientes

La brecha de género sigue siendo alta: los hombres emprenden más en clave internacional que las mujeres. Sectorialmente, la internacionalización se distribuye de forma equilibrada, con ligeros repuntes en transformación y servicios al consumidor. El tamaño también importa, aunque destaca que más de la mitad de las TEA sin empleados ya exportan, lo que sugiere un nuevo modelo de negocio digital, flexible y global.

SOSTENIBILIDAD

· Sostenibilidad que ya impulsa el modelo de negocio

Las iniciativas más recientes integran criterios ambientales y sociales desde el diseño: eficiencia de recursos, reducción de residuos, logística más limpia y valor de marca alineado con expectativas ciudadanas.

· Brecha de ejecución y medición

El foco operativo avanza más rápido que la medición del impacto. Persisten carencias en cálculo de huella, planes climáticos y reportes ESG, especialmente en empresas consolidadas por inercias y costes de transición.

· Escalar con economía circular y apoyo inteligente

El tejido regional, comercio, servicios y agroalimentación, ofrece terreno para reutilización, reparación, ecodiseño y proximidad. Para acelerar, se requieren financiación verde adaptada a microempresas, compra pública estable, incentivos ligados a resultados y formación aplicada en huella e impacto.

03
CUADRO DE INDICADORES

Cuadro de indicadores

El cuadro de indicadores del Informe GEM refleja la situación de los aspectos más significativos sobre la actividad emprendedora de la Región de Murcia en 2024. Al presentarlos a modo de Cuadro de Mando Integral, se facilita una visión sintética general y comparativa con años anteriores y con el conjunto de España. Ello permite obtener una perspectiva de la evolución que ayude a identificar áreas de crecimiento, retos persistentes, y oportunidades emergentes en el entorno emprendedor de la Región de Murcia.

Valores, actitudes y aspiraciones emprendedoras en la población	2024	2023
Conoce a alguien que haya iniciado un negocio o se ha convertido en autoempleado en los últimos 2 años	43,7%	46,7%
Percibe oportunidades para emprender en el área en que Ud. vive en los próximos 6 meses	31,3%	30,4%
Posee el conocimiento, habilidades y experiencia requerida para poner en marcha o iniciar un nuevo negocio	49,5%	49%
Percibe que no pondría en marcha un negocio por miedo a que pudiese fallar	55%	52,7%
Ha manifestado su intención de emprender en los próximos tres años	9,9%	8,4%
Ha abandonado una actividad para cerrarla o traspasarla, o por jubilación	2,4%	2,3%
Ha actuado como inversor informal	4,0%	5,7%

TEA, tasa de iniciativas de entre 0 y 3,5 años en el mercado sobre población de 18-64 años residente en Región de Murcia

	2024	2023
TEA Total	6,1%	6,1%
TEA Mujeres (sobre total de mujeres de 18-64 años)	6,8%	5,1%
TEA Hombres (sobre total de hombres de 18-64 años)	5,4%	7%

Empresas consolidadas: Porcentaje de población adulta en iniciativas de más de 3,5 años

	2024	2023
TEA Total	5,5%	5,1%
TEA Mujeres (sobre total de mujeres de 18-64 años)	4,2%	4,9%
TEA Hombres (sobre total de hombres de 18-64 años)	6,7%	4,3%

Distribución del TEA	2024	2023
TEA – para marcar una diferencia en el mundo	41,1%	43,6%
TEA – para crear una gran riqueza o generar una renta muy alta	41,3%	33,7%
TEA – para continuar una tradición familiar	18,2%	12,6%
TEA – para ganarse la vida porque el trabajo escasea (cuesta mucho conseguir un empleo)	62,6%	68,7%
TEA del sector extractivo o primario	1,6%	3,6%
TEA del sector transformador	10,2%	13,3%
TEA del sector de servicios a empresas	24,9%	30,9%
TEA del sector orientado al consumo	63,2%	52,2%
TEA de 1-5 empleados	48,4%	43%
TEA de 6-19 empleados	9,1%	2,5%
TEA de 20 y más empleados	6,0%	2,5%
TEA iniciativas innovadoras en producto o servicio	47,9%	31,9%
TEA iniciativas con alto nivel tecnológico.	1,6%	4,9%
TEA iniciativas con medio nivel tecnológico	3,5%	1,6%
TEA iniciativas que exportan en algún grado	31%	26,2%
TEA iniciativas con notable expectativa de expansión a corto plazo	22%	13,9%
TEA menos del 33% discapacidad	6,4%	5,5%

Valoración media de los expertos de las condiciones de entorno

	2024	2023
Financiación para emprendedores	4,44	4,52
Políticas gubernamentales: emprendimiento como prioridad y su apoyo	4,51	4,73
Políticas gubernamentales: burocracia e impuestos	4,28	4,45
Programas gubernamentales	5,37	5,88
Educación y formación emprendedora etapa escolar	3,56	2,83
Educación y formación emprendedora etapa post escolar	5,15	5,44
Transferencia de I + D	4,66	4,69
Existencia y acceso a infraestructura comercial y profesional	5,43	5,79
Dinámica del mercado interno	3,89	4,91
Barreras de acceso al mercado interno	4,43	4,58
Existencia y acceso a infraestructura física y de servicios	7,23	6,69
Normas sociales y culturales	4,97	4,89
Percepción de la responsabilidad social de las empresas nuevas y en crecimiento	5,49	5,38
Percepción del respaldo cultural a las prácticas de sostenibilidad en empresas nuevas y en crecimiento	5,54	6,16
Percepción del grado de prioridad del gobierno nacional y normativa a las prácticas de sostenibilidad de empresas nuevas y en crecimiento	5,17	5,53
NECI (Índice de Contexto de Emprendimiento Nacional)	4,8	4,9

CAPÍTULO 1
CONTEXTO EMPRENDEDOR

Capítulo 1.
Contexto
emprendedor

1.1 ¿Qué percibe la población?

Un análisis comparativo de las percepciones de la población sobre factores clave en el proceso emprendedor permite identificar las diferencias entre los que emprenden y los que no, con el fin de explicar el comportamiento emprendedor de la población de la Región de Murcia, determinante de la tasa de actividad emprendedora.

Así, como se observa en el gráfico 1.1.1., el principal aspecto que diferencia a la población emprendedora de la que no emprende es que reconocen tener los conocimientos y habilidades para emprender (78,3% de la población involucrada frente a 45,8% de la población no involucrada) y, en segundo lugar, el hecho de tener referentes que les inspiran (67,8% frente a 40,5%). En tercer lugar, el miedo a fracasar es mucho menos importante entre la población emprendedora (33%), siendo casi el doble el porcentaje de la población que no emprendería por miedo a fracasar (57,8%).

Este mismo patrón de comportamiento se observa entre la población española, siendo ligeramente superior la diferencia en cuanto a los conocimientos y habilidades (80% de la población involucrada frente a 43% de la no involucrada).

Gráfico 1.1.1
PERCEPCIÓN SOBRE VALORES Y ACTITUDES PARA EMPRENDER

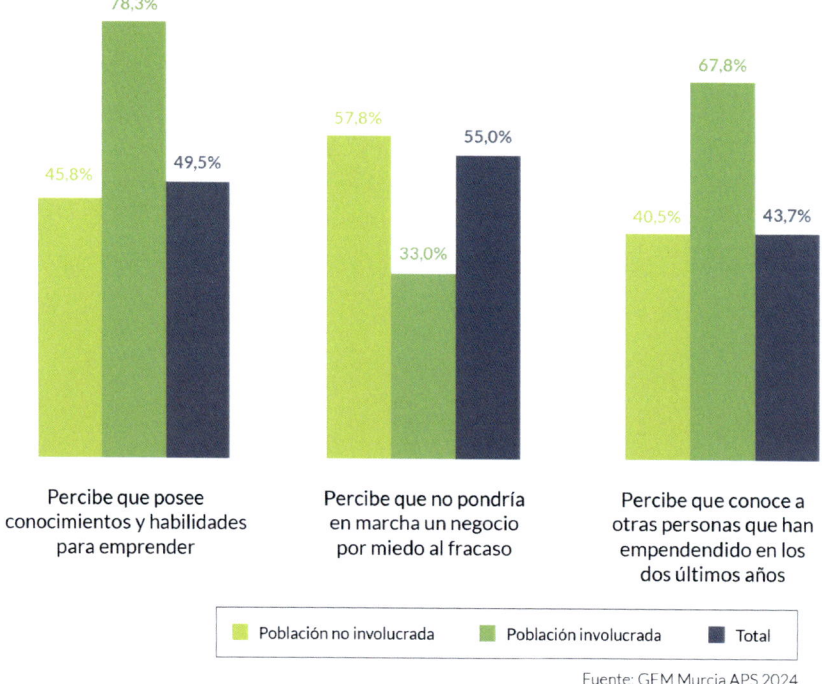

Fuente: GEM Murcia APS 2024

El optimismo de la población murciana sobre las oportunidades para emprender en 2024 aumenta sensiblemente respecto al año anterior (31,3% frente a 30,5%), debido a la mejora de las expectativas entre la población no involucrada (1 punto porcentual), al contrario de lo que se observa para el conjunto de la población española no emprendedora que disminuye sus expectativas.

Gráfico 1.1.2
PERCEPCIÓN DE OPORTUNIDADES PARA EMPRENDER EN LOS PRÓXIMOS 6 MESES

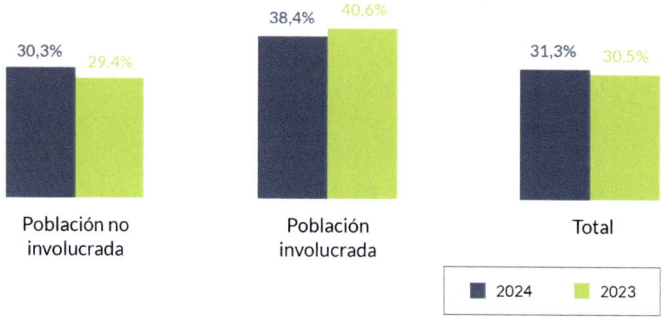

Fuente: GEM Murcia APS 2024

Si tenemos en cuenta la serie histórica de las expectativas sobre las oportunidades para emprender (gráfico 1.1.3.), vemos como la tendencia ligeramente alcista desde 2020 se mantiene en términos generales. Aunque las expectativas entre la población emprendedora sufren un pequeño retroceso tras el repunte optimista del año pasado, la población no involucrada en el proceso se acerca al nivel de optimismo máximo alcanzado en 2019.

Gráfico 1.1.3
EVOLUCIÓN DE LA PERCEPCIÓN DE OPORTUNIDADES PARA EMPRENDER EN LOS PRÓXIMOS 6 MESES (2011-2024)

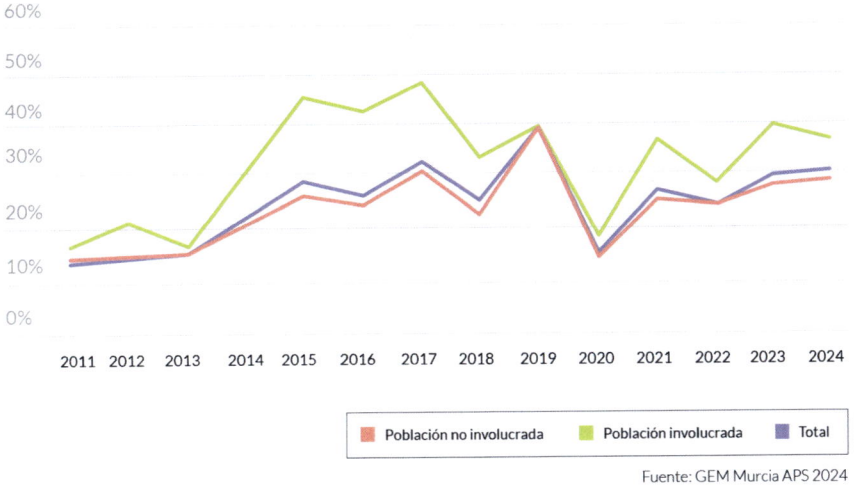

Fuente: GEM Murcia APS 2024

Como en años anteriores, se observan diferencias en las percepciones de hombres y mujeres que permiten explicar las diferentes dinámicas y tasas de emprendimiento.

En particular, aunque es menor el porcentaje de mujeres que perciben tener conocimientos para emprender, reconocen en mayor medida que los hombres oportunidades para emprender (40,9% frente al 36,1%) y tener referentes emprendedores (69,9% frente al 66,1%). Sin embargo, la aversión al riesgo es ligeramente mayor entre la población femenina (34,2%).

Este patrón es similar al del conjunto de la población española, salvo en relación con la percepción de oportunidades para emprender. En España, son los hombres quienes perciben oportunidades en mayor medida que las mujeres (42% de hombres frente al 33% de mujeres).

Gráfico 1.1.4
PERCEPCIÓN DE VALORES Y ACTITUDES EN FUNCIÓN DEL SEXO

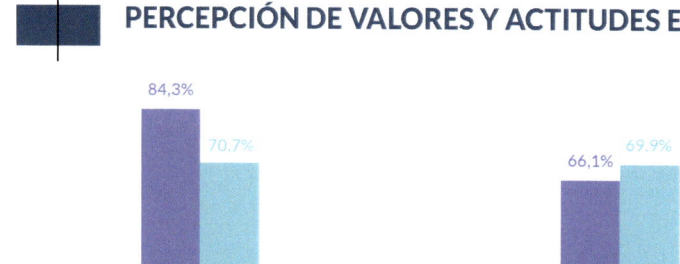

Fuente: GEM Murcia APS 2024

1.2 ¿Hay diferencias entre CC.AA. en las actitudes y valoraciones sobre el emprendimiento?

La radiografía sobre las percepciones de la población murciana, cobra mayor importancia si la analizamos en el contexto nacional comparándola con las dinámicas de otras poblaciones.

Así, observamos en el gráfico 1.2.1. en qué aspectos la Región de Murcia tiene una posición más positiva. La Región de Murcia se encuentra entre las 5 comunidades autónomas con mayor percepción de oportunidades para emprender entre su población, ligeramente por detrás de Islas Baleares, Aragón, Madrid y País Vasco. Asimismo, somos una de las cuatro comunidades con mayor porcentaje de población que reconoce tener conocimientos y habilidades para emprender.

Sin embargo, nuestra población sigue siendo una de las más aversas al riesgo en el panorama nacional (tan solo después de Castilla-La Mancha y Asturias) y aún tiene que mejorar en visibilizar modelos de referencia entre la población.

Gráfico 1.2.1
POSICIONAMIENTO SOBRE VALORES Y ACTITUDES
PERCEPCIÓN DE OPORTUNIDADES

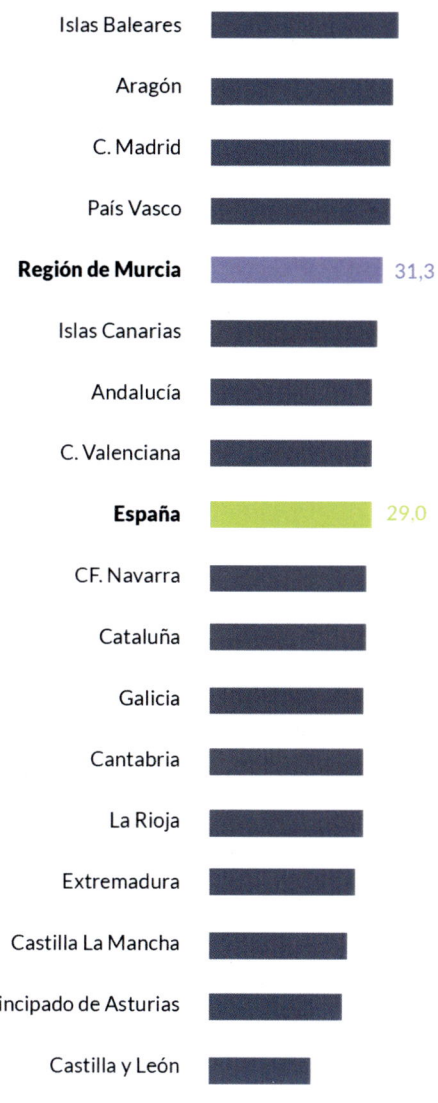

Islas Baleares	
Aragón	
C. Madrid	
País Vasco	
Región de Murcia	31,3
Islas Canarias	
Andalucía	
C. Valenciana	
España	29,0
CF. Navarra	
Cataluña	
Galicia	
Cantabria	
La Rioja	
Extremadura	
Castilla La Mancha	
Principado de Asturias	
Castilla y León	

Fuente: GEM Murcia APS 2024

Gráfico 1.2.1
POSICIONAMIENTO SOBRE VALORES Y ACTITUDES
CONOCIMIENTOS Y HABILIDADES

Aragón	
C. Madrid	
Cantabria	
Región de Murcia	49,6
Galicia	
Castilla La Mancha	
España	48,0
CF. Navarra	
Castilla y León	
Principado de Asturias	
País Vasco	
Extremadura	
Andalucía	
Islas Baleares	
Islas Canarias	
C. Valenciana	
La Rioja	

Fuente: GEM Murcia APS 2024

Gráfico 1.2.1
POSICIONAMIENTO SOBRE VALORES Y ACTITUDES
MIEDO AL FRACASO

Castilla La Mancha
Principado de Asturias
Región de Murcia 55,0
La Rioja
Islas Baleares
Castilla y León
Galicia
Cantabria
Cataluña
Islas Canarias
España 52,0
Andalucía
C. Madrid
CF. Navarra
Aragón
C. Valenciana
Extremadura
País Vasco

Fuente: GEM Murcia APS 2024

Gráfico 1.2.1
POSICIONAMIENTO SOBRE VALORES Y ACTITUDES
MODELOS DE REFERENCIA

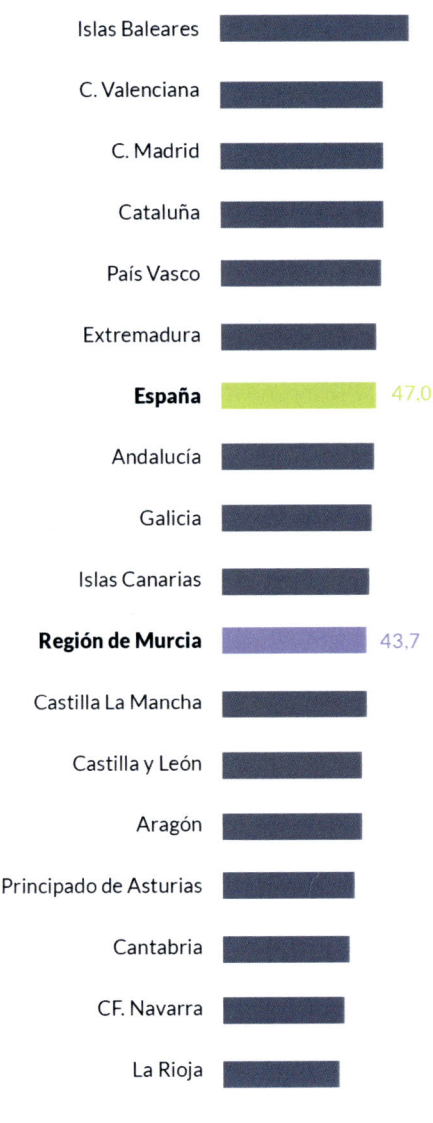

Islas Baleares	
C. Valenciana	
C. Madrid	
Cataluña	
País Vasco	
Extremadura	
España	47,0
Andalucía	
Galicia	
Islas Canarias	
Región de Murcia	43,7
Castilla La Mancha	
Castilla y León	
Aragón	
Principado de Asturias	
Cantabria	
CF. Navarra	
La Rioja	

Fuente: GEM Murcia APS 2024

1.3 ¿Qué perciben los expertos?

Según la opinión de los expertos consultados, en 2024 la dimensión del entorno para emprender mejor valorada es existencia y acceso a infraestructura física y de servicios; son también destacables los casos de *percepción de la prioridad de prácticas de sostenibilidad de empresas nuevas y en crecimiento y el de percepción del respaldo cultural a las prácticas de sostenibilidad medioambiental en empresas nuevas y en crecimiento.* En el extremo inferior figuran *educación y formación emprendedora en etapa escolar, mercado interno dinámico y políticas gubernamentales que reducen la burocracia y los impuestos a las empresas.* Estos elementos continúan situándose como las principales limitaciones estructurales para el desarrollo de la actividad emprendedora.

Los valores obtenidos en 2024 son -en términos generales- ligeramente inferiores a los del año anterior (gráfico 1.3.1.) lo que sugiere cierta percepción de estancamiento en las condiciones del entorno. Esta evolución refuerza la necesidad de seguir avanzando en ámbitos clave como la dinamización del mercado interno, la simplificación administrativa o la educación emprendedora, que, a pesar de su mejoría en la etapa escolar, sigue siendo el factor peor valorado.

A continuación, se comparan los valores obtenidos en las distintas dimensiones del entorno para emprender en la Región de Murcia con los del conjunto de España. Como se puede observar en el gráfico 1.3.2., los resultados muestran que Murcia presenta valores ligeramente superiores en la mayoría de las dimensiones del entorno para emprender. Las principales diferencias favorables a la región se concentran en cuatro ámbitos clave: políticas

La evolución en este año refuerza la necesidad de seguir avanzando en ámbitos clave.

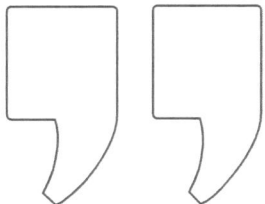

Gráfico 1.3.1
VALOR MEDIO DE LAS CONDICIONES DEL ENTORNO PARA EMPRENDER[1]

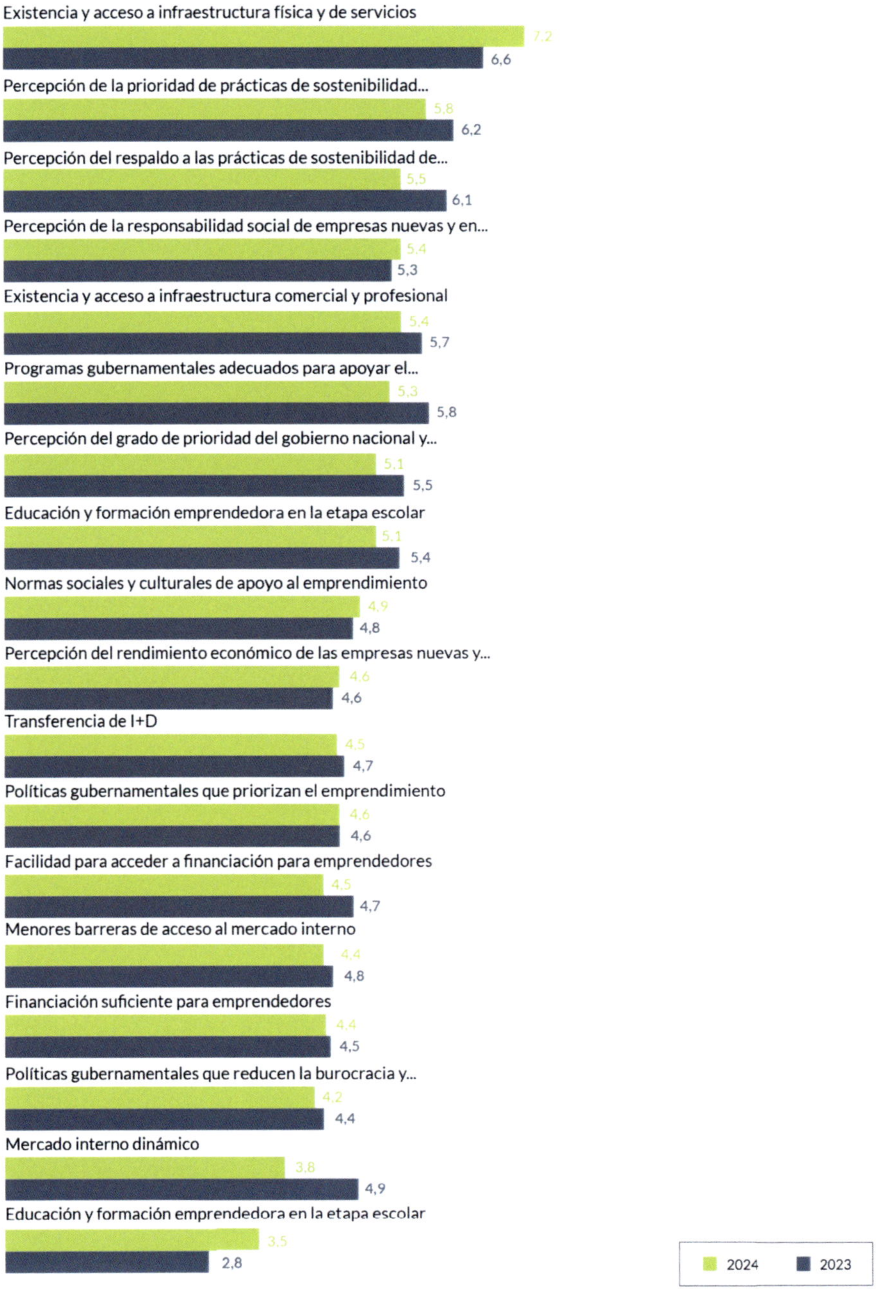

Existencia y acceso a infraestructura física y de servicios
- 2024: 7,2
- 2023: 6,6

Percepción de la prioridad de prácticas de sostenibilidad...
- 2024: 5,8
- 2023: 6,2

Percepción del respaldo a las prácticas de sostenibilidad de...
- 2024: 5,5
- 2023: 6,1

Percepción de la responsabilidad social de empresas nuevas y en...
- 2024: 5,4
- 2023: 5,3

Existencia y acceso a infraestructura comercial y profesional
- 2024: 5,4
- 2023: 5,7

Programas gubernamentales adecuados para apoyar el...
- 2024: 5,3
- 2023: 5,8

Percepción del grado de prioridad del gobierno nacional y...
- 2024: 5,1
- 2023: 5,5

Educación y formación emprendedora en la etapa escolar
- 2024: 5,1
- 2023: 5,4

Normas sociales y culturales de apoyo al emprendimiento
- 2024: 4,9
- 2023: 4,8

Percepción del rendimiento económico de las empresas nuevas y...
- 2024: 4,6
- 2023: 4,6

Transferencia de I+D
- 2024: 4,5
- 2023: 4,7

Políticas gubernamentales que priorizan el emprendimiento
- 2024: 4,6
- 2023: 4,6

Facilidad para acceder a financiación para emprendedores
- 2024: 4,5
- 2023: 4,7

Menores barreras de acceso al mercado interno
- 2024: 4,4
- 2023: 4,8

Financiación suficiente para emprendedores
- 2024: 4,4
- 2023: 4,5

Políticas gubernamentales que reducen la burocracia y...
- 2024: 4,2
- 2023: 4,4

Mercado interno dinámico
- 2024: 3,8
- 2023: 4,9

Educación y formación emprendedora en la etapa escolar
- 2024: 3,5
- 2023: 2,8

Leyenda: 2024 | 2023

(1): En una escala desde 0=condiciones extremadamente malas a 10=condiciones extremadamente buenas.
Fuente: GEM España NES 2023, 2024

gubernamentales orientadas al emprendimiento, percepción de la prioridad de prácticas de sostenibilidad medioambiental en empresas nuevas y en crecimiento, transferencia de I+D, vinculada al aprovechamiento del conocimiento generado en el sistema científico-tecnológico y en educación y formación emprendedora en etapa escolar, donde, pese a seguir siendo una de las dimensiones peor valoradas, Murcia se sitúa en mejor posición relativa que la media nacional. Por el contrario, el conjunto de España alcanza valores más altos en dos dimensiones específicas:
existencia y acceso a infraestructuras comerciales y profesionales, relevantes para la consolidación de negocios, y *percepción del respaldo a las prácticas de sostenibilidad de empresas nuevas y en crecimiento*, lo que apunta a una mayor cultura de apoyo en este ámbito en el resto del país.

En síntesis, la Región de Murcia presenta un posicionamiento competitivo en el contexto nacional, especialmente en el plano institucional y en la integración de la sostenibilidad, aunque mantiene retos en infraestructuras comerciales y en la consolidación del respaldo cultural a las prácticas empresariales sostenibles.

A continuación, se comparan los valores obtenidos en las distintas dimensiones del entorno para emprender en la Región de Murcia con los del conjunto de España. Como se puede observar en el gráfico 1.3.2., los resultados muestran que Murcia presenta valores ligeramente superiores en la mayoría de las dimensiones del entorno para emprender. Las principales diferencias favorables a la región se concentran en cuatro ámbitos clave: *políticas gubernamentales orientadas al emprendimiento, percepción de la prioridad de prácticas de sostenibilidad medioambiental en empresas nuevas y en crecimiento, transferencia de I+D*, vinculada al aprovechamiento del conocimiento generado en el sistema científico-tecnológico y en *educación y formación emprendedora en etapa escolar*, donde, pese a seguir siendo una de las dimensiones peor valoradas, Murcia se sitúa en mejor posición relativa que la media nacional. Por el contrario, el conjunto de España alcanza valores más altos en dos dimensiones específicas:
existencia y acceso a infraestructuras comerciales y profesionales, relevantes para la consolidación de negocios y *percepción del respaldo a las prácticas de sostenibilidad de empresas nuevas y en crecimiento*, lo que apunta a una mayor cultura de apoyo en este ámbito en el resto del país.

En síntesis, la Región de Murcia presenta un posicionamiento competitivo en el contexto nacional, especialmente en el plano institucional y en la integración de la sostenibilidad, aunque mantiene retos en infraestructuras comerciales y en la consolidación del respaldo cultural a las prácticas empresariales sostenibles.

Gráfico 1.3.2
CONDICIONES DEL ENTORNO PARA EMPRENDER EN MURCIA Y ESPAÑA

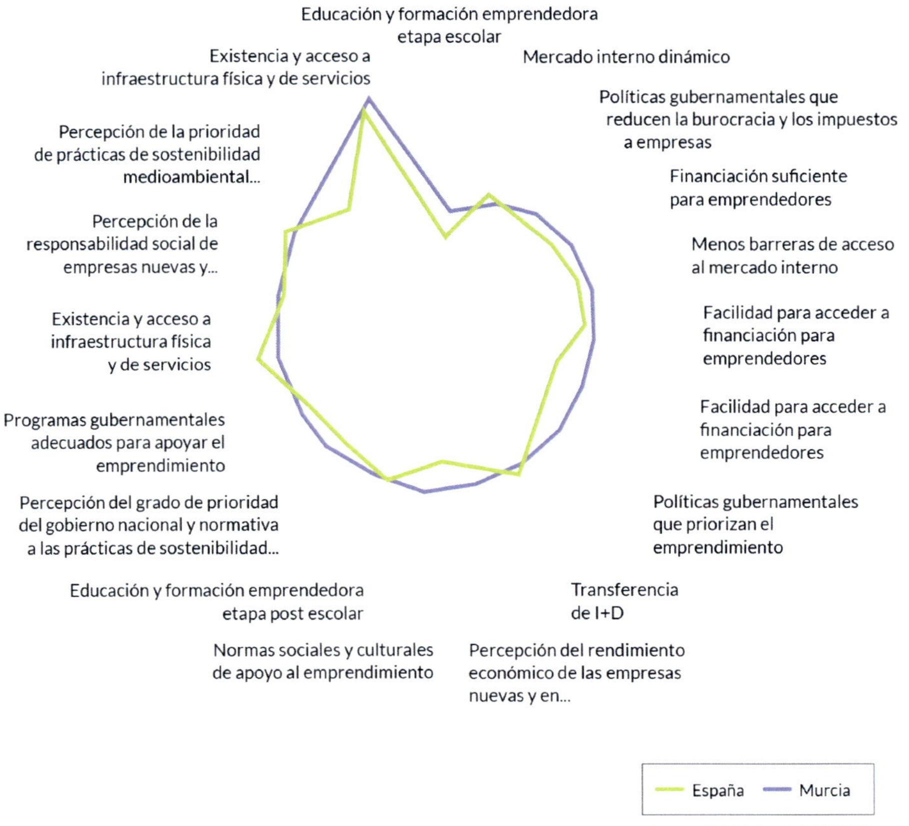

Fuente: GEM Murcia NES 2024

En relación con las condiciones del entorno para el emprendimiento femenino, la valoración de los expertos refleja que todavía existen importantes retos para alcanzar la igualdad efectiva (gráfico 1.3.3.).

Por un lado, se reconoce la presencia de una cultura de igualdad relativamente consolidada (5,37), lo que supone un marco favorable para la participación de las mujeres en la actividad emprendedora. Sin embargo, esta percepción positiva contrasta con las limitaciones observadas en la práctica: los servicios de apoyo específicos para mujeres emprendedoras son considerados insuficientes y poco asequibles (3,91), además de no garantizar la cobertura necesaria tras la formación de una familia (3,86).

Asimismo, los expertos coinciden en que los hombres encuentran menos barreras de acceso a recursos clave, como la financiación inicial (4,46), los fondos para iniciar actividades (4,97) o la contratación pública (4,56). También se percibe que los mercados resultan más accesibles para los emprendedores varones (5,56), lo que evidencia una desventaja estructural para las mujeres en el ámbito competitivo.

En conjunto, las valoraciones ponen de manifiesto que, a pesar de los avances en la sensibilización hacia la igualdad, persisten desigualdades significativas en el acceso a recursos, apoyos y oportunidades de mercado, lo que limita el desarrollo pleno del emprendimiento femenino en la Región de Murcia.

Si se compara la situación entre el conjunto de España y la Región de Murcia, se observa que las valoraciones de los expertos murcianos son, en general, más favorables, aunque mantienen un patrón de comportamiento similar (gráfico 1.3.4.). Las diferencias más notables se aprecian en aspectos como la cultura de igualdad y la valoración de los servicios de apoyo para emprendedoras, donde Murcia obtiene puntuaciones relativamente superiores. Este resultado indica una percepción más positiva del entorno regional hacia la participación de las mujeres en el emprendimiento.

Por el contrario, las menores diferencias entre Murcia y España se concentran en los aspectos financieros, especialmente en el acceso a financiación inicial y a fondos para poner en marcha un negocio, donde las puntuaciones se mantienen bajas y próximas en ambas escalas territoriales.

Gráfico 1.3.3
CONDICIONES DEL ENTORNO PARA MUJERES EMPRENDEDORAS EN MURCIA

Fuente: GEM Murcia NES 2024

La inteligencia artificial (IA) está presente en prácticamente todos los ámbitos de la vida, y el emprendimiento no es ajeno a esta transformación. En 2024, los expertos consultados coinciden en que la IA tendrá un papel decisivo tanto en la puesta en marcha como en la evolución futura de los proyectos emprendedores.

Las valoraciones más altas se concentran en los aspectos que vinculan directamente la viabilidad empresarial al uso de la IA. Destaca la idea de que la viabilidad a largo plazo de las empresas dependerá de la implementación de soluciones de IA (7,03), junto con la percepción de que cada vez más nuevos negocios ya incluyen estas herramientas en sus procesos (6,17). También

Gráfico 1.3.4
CONDICIONES DEL ENTORNO PARA MUJERES EMPRENDEDORAS EN MURCIA Y ESPAÑA

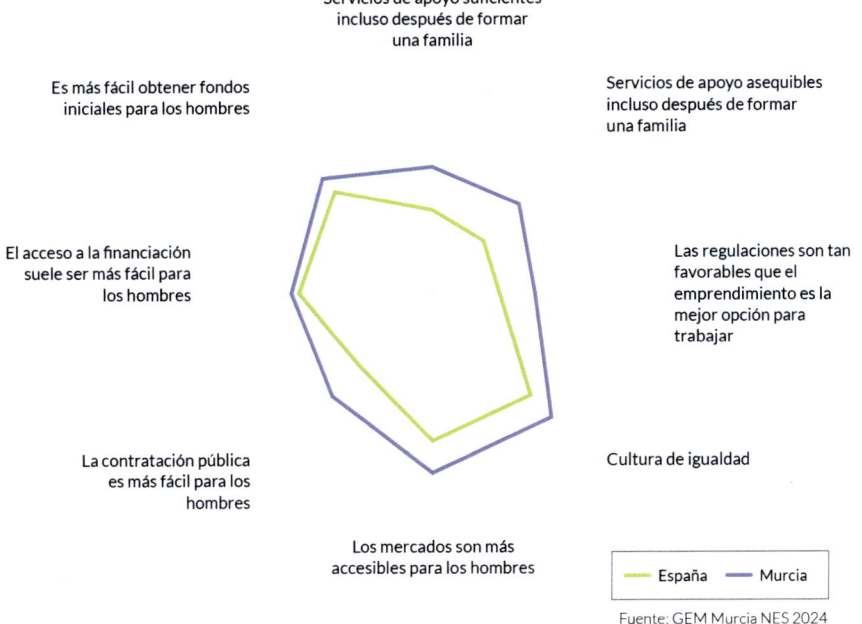

Fuente: GEM Murcia NES 2024

se subraya una concienciación creciente en el ámbito empresarial sobre la necesidad de adoptar estas tecnologías (6,44), así como la existencia de un amplio consenso social en torno a su implementación (6,72).

En un segundo plano, se sitúan cuestiones relevantes, pero con menor valoración, como la seguridad y privacidad en el uso de la IA (5,58) o los dilemas éticos recogidos por los medios de comunicación (5,38).

Por último, si bien los expertos destacan la trascendencia estratégica de la IA, también identifican carencias importantes. Estas apuntan a aspectos relacionados con formación y capacitación, así como una escasa implicación por parte de las instituciones públicas para fomentar el uso de estas tecnologías mediante incentivos o programas de apoyo (gráfico 1.3.5.). Estos déficits podrían limitar la capacidad de difusión de la tecnología en el ecosistema emprendedor.

Gráfico 1.3.5
VALORACIÓN MEDIA DE LAS CONDICIONES DEL ENTORNO PARA EMPRENDER RELACIONADAS CON LA IA

Fuente: GEM Murcia NES 2024

Al comparar la valoración de las condiciones relacionadas con la inteligencia artificial (IA) entre la Región de Murcia y el conjunto de España, se observa un patrón muy similar en ambos territorios, lo que indica que las percepciones de los expertos siguen tendencias compartidas a nivel nacional (gráfico 1.3.6.). Se puede mencionar que los datos obtenidos en la Región de Murcia son ligeramente superiores a los de España, lo que sugiere una mayor confianza regional en el papel de la IA en el emprendimiento, excepto en el caso de la importancia otorgada a la seguridad y privacidad al implementar soluciones de IA, donde España puntúa más alto.

En síntesis, Murcia presenta una posición relativamente más favorable que la media nacional en la mayoría de las dimensiones vinculadas a la IA, aunque

Gráfico 1.3.6
CONDICIONES DEL ENTORNO PARA EMPRENDER RELACIONADAS CON LA IA EN MURCIA Y ESPAÑA

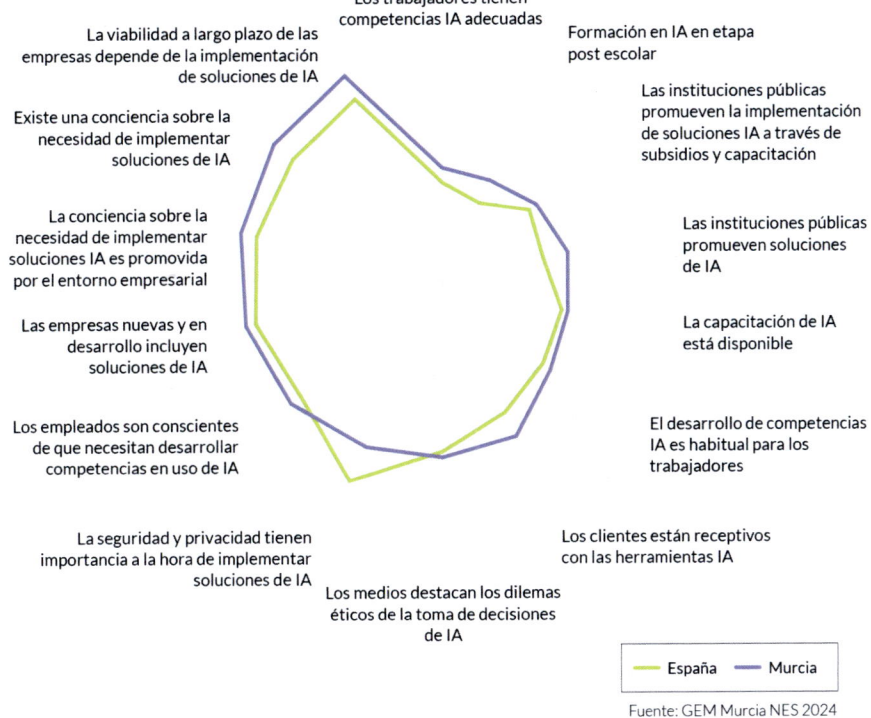

Fuente: GEM Murcia NES 2024

comparte con España las mismas debilidades estructurales: falta de formación, insuficiente apoyo institucional y necesidad de reforzar la capacitación en competencias digitales.

Seguidamente, se compara la situación de la Región de Murcia con la del resto de comunidades autónomas. Se emplea para ello el índice NECI (Índice de Contexto de Emprendimiento Nacional), el cual se obtiene calculando la media de los valores otorgados por los expertos a las dimensiones del entorno (gráfico 1.3.7.). Con un índice NECI = 4,8, la Región de Murcia se sitúa en una posición intermedia si se considera el conjunto de comunidades autónomas. Se posiciona al mismo nivel que Navarra y ligeramente por detrás de Galicia. En los primeros puestos destacan la Comunidad de Madrid y el País Vasco, ambas con un índice de 5,3, lo que las convierte en las regiones con un entorno más favorable para el emprendimiento según la percepción experta. En el extremo opuesto, Canarias presenta la valoración más baja, con un 4,4.

Gráfico 1.3.7
ÍNDICE DE CONTEXTO DE EMPRENDIMIENTO NACIONAL (NECI) POR CC.AA.

Com. Madrid	5.3
País Vasco	5.3
Asturias	5.1
Cataluña	5.1
Islas Baleares	5.0
Castilla La Mancha	5.0
Galicia	4.9
Región de Murcia	4.8
Navarra	4.8
Extremadura	4.7
La Rioja	4.7
Andalucía	4.6
Cantabria	4.6
Aragón	4.5
Com. Valenciana	4.5
Castilla y León	4.5
Canarias	4.4

Fuente: GEM Murcia NES 2024

En otro orden de cosas, los expertos consultados perciben programas gubernamentales (13,9% de los expertos) seguido de cerca por *transformación digital* y existencia de *modelos a seguir* (11,1 %) como las dimensiones del entorno que en mayor medida suponen un soporte para la creación de empresas. Después aparecen, no muy alejadas, *apoyo financiero, educación y formación, normas sociales y culturales y clima económico* (gráfico 1.3.8.).

En un segundo nivel, aparecen otras dimensiones también relevantes como el apoyo financiero, la educación y formación, las normas sociales y culturales y el clima económico, que reciben porcentajes de mención algo menores pero cercanos entre sí.

Así, los resultados muestran que los expertos identifican un conjunto limitado de factores clave de apoyo al emprendimiento, donde sobresalen la acción pública, la digitalización y la presencia de referentes, mientras que otras dimensiones potencialmente estratégicas —como la innovación, el mercado o la reducción de costes— permanecen en un papel secundario.

Gráfico 1.3.8
PERCEPCIÓN DE APOYOS A LA ACTIVIDAD EMPRENDEDORA (% DE EXPERTOS)

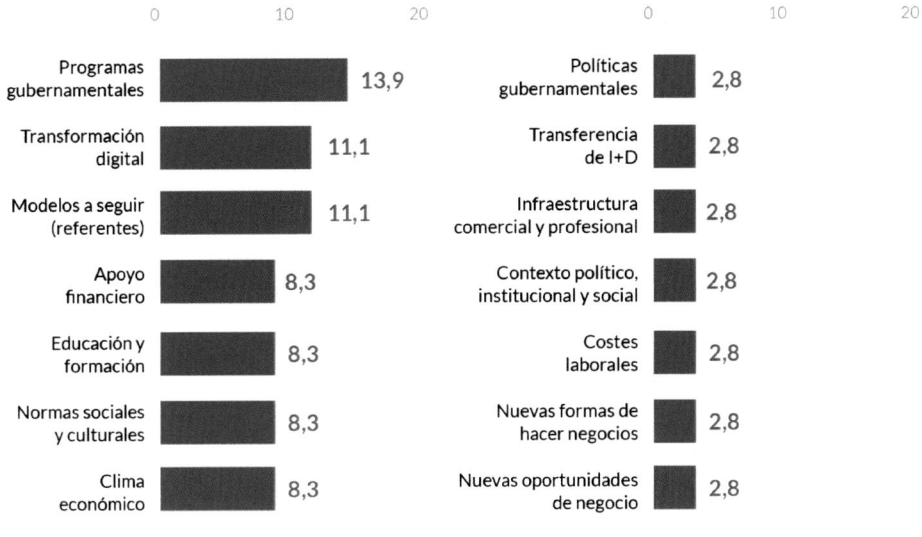

Programas gubernamentales	13,9
Transformación digital	11,1
Modelos a seguir (referentes)	11,1
Apoyo financiero	8,3
Educación y formación	8,3
Normas sociales y culturales	8,3
Clima económico	8,3
Políticas gubernamentales	2,8
Transferencia de I+D	2,8
Infraestructura comercial y profesional	2,8
Contexto político, institucional y social	2,8
Costes laborales	2,8
Nuevas formas de hacer negocios	2,8
Nuevas oportunidades de negocio	2,8

Fuente: GEM Murcia NES 2024

En el ámbito de las recomendaciones para mejorar el entorno emprendedor (gráfico 1.3.9.)., los expertos sitúan en primer lugar las políticas gubernamentales (33,3%), seguidas de los programas gubernamentales específicos de apoyo (25%) y del acceso a financiación (19,4%). Estos tres elementos concentran la mayoría de las propuestas y reflejan la importancia que los expertos conceden al papel de las instituciones públicas y a la disponibilidad de recursos financieros como palancas esenciales para impulsar la creación de empresas.

En un segundo plano, con porcentajes mucho más reducidos, aparecen la educación y formación emprendedora, el acceso a infraestructuras físicas y la existencia de modelos de referencia.

Gráfico 1.3.9
PRINCIPALES RECOMENDACIONES PARA FAVORECER LA CREACIÓN DE EMPRESAS (% DE EXPERTOS)

Políticas gubernamentales	33,3
Programas gubernamentales	25
Apoyo financiero	19,4
Educación y formación	5,6
Acceso a infraestructura física	2,8
Modelos a seguir (referentes)	2,8

Fuente: GEM Murcia NES 2024

A modo de conclusión es posible afirmar que la Región de Murcia presenta un entorno moderadamente favorable para la creación de empresas ya que los aspectos considerados en el análisis obtienen unos valores que oscilan entre 4,28 y 7,23 (en una escala de 1 a 10). Únicamente quedan por debajo de 4 *educación y formación emprendedora en etapa escolar y mercado interno dinámico*. Las dimensiones del entorno mejor valoradas por los expertos son *existencia y acceso a infraestructuras física y de servicios, percepción de la prioridad de prácticas de sostenibilidad medioambiental en empresas y percepción del respaldo a las prácticas de sostenibilidad de empresas nuevas y en crecimiento*. Por el contrario, los peores datos corresponden a las dimensiones ya citadas formación emprendedora en etapa escolar y a mercado interno dinámico. En su conjunto, los valores obtenidos son ligeramente más bajos que los de 2023. Por otro lado, se comprueba que los valores correspondientes a la Región de Murcia son superiores a los del conjunto de España. Destacan las diferencias que se dan en *políticas gubernamentales, percepción de la prioridad de prácticas de sostenibilidad medioambiental en empresas nuevas y en crecimiento, transferencia de I+D y educación y formación emprendedora en etapa escolar*.

En lo referente al emprendimiento femenino, los expertos reconocen la existencia de una cultura de igualdad más o menos desarrollada, pero consideran que los servicios de apoyo son insuficientes y poco accesibles. Por otro lado, piensan que las mujeres están en desventaja respecto a los hombres en el acceso a recursos financieros y a contratos con la administración. Al comparar con el resto de España, se comprueba que los datos de Murcia son algo mayores, aunque con un patrón de comportamiento similar.

Los expertos coinciden en que la IA es una herramienta fundamental tanto en el presente como en el futuro del emprendimiento. Existe un nivel de concienciación alto en lo referido a su uso, tanto por parte de las empresas como de sus empleados, y forma parte de los nuevos proyectos empresariales. No obstante, aspectos como la seguridad y privacidad, así como los dilemas éticos son temas que, hoy en día, no reciben la atención que debieran. Por otro lado, se observan importantes carencias, especialmente en lo referido a capacitación y en el escaso apoyo institucional. En términos comparativos, la Región de Murcia presenta datos moderadamente superiores a los del conjunto de España en todos los aspectos, salvo en seguridad y privacidad, donde España obtiene una mejor puntuación.

Si se utiliza el índice NECI para analizar la posición relativa entre comunidades autónomas, se observa que la Región de Murcia, con un índice NECI de 4,8, se sitúa en puestos intermedios, al mismo nivel que Navarra y por detrás de Galicia. Los primeros lugares los ocupan Madrid y País Vasco, mientras que Canarias se sitúa en última posición.

Entre los principales apoyos a la creación de empresas, a juicio de los expertos, destacan *programas gubernamentales* seguido de cerca por *transformación digital* y la existencia de *modelos a seguir*. Después aparecen, *apoyo financiero, educación y formación, normas sociales y culturales y clima económico.*

Entre sus recomendaciones para facilitar la creación de empresas, sobresalen *políticas gubernamentales* y *apoyo financiero*. Con valores más moderados se encuentran *educación y formación, acceso a infraestructuras física y modelos a seguir.*

CAPÍTULO 2
EL PROCESO EMPRENDEDOR

Capítulo 2.
El proceso emprendedor

2.1 Indicadores del proceso emprendedor

El estudio GEM está diseñado para cuantificar el grado de actividad emprendedora en un territorio determinado mediante un conjunto de indicadores rigurosos. Para ello, descompone el proceso emprendedor en fases, tal como se muestra en el gráfico 2.1.1., lo que permite identificar a los sujetos que participan en iniciativas empresariales, incluido el autoempleo, dentro del rango de edad de 18 a 64 años. Estas iniciativas, correspondientes a todos los sectores económicos, no superan los 42 meses de antigüedad.

El proceso emprendedor se inicia con la intención de emprender en los próximos tres años. A esta fase de concepción le siguen, en la etapa de nacimiento, aquellas personas que ya han puesto en marcha una iniciativa empresarial, bien como emprendedores nacientes, con una actividad inferior a tres meses, o como propietarios de un negocio nuevo con menos de 42 meses de funcionamiento.

Tras estas fases iniciales, el proceso puede continuar por dos trayectorias distintas: por un lado, el abandono de la actividad emprendedora y, por otro, la consolidación del negocio una vez superado el umbral de los 42 meses. Estos estadios permiten ofrecer una visión estructurada de la dinámica emprendedora y son los que se representan en el gráfico 2.1.1. para la Región de Murcia y el conjunto de España.

Gráfico 2.1.1
EL PROCESO EMPRENDEDOR EN MURCIA Y ESPAÑA SEGÚN EL PROYECTO GEM

ACTIVIDAD EMPRENDEDORA TOTAL

	Murcia	España
Actividad emprendedora total	6,1%	7,2%

	Emprendedor potencial	Emprendedor naciente	Propietario/gerente de una actividad nueva	Propietario/gerente de una actividad consolidada
	Tiene la idea de emprender	Hasta 3 meses de actividad	Hasta 42 meses de actividad	Más 42 meses de actividad
Murcia	9,9%	3,8%	2,3%	5,5%
España	11,2%	4,4%	2,7%	6,8%

Concepción   *Nacimiento*   *Consolidación*

Abandonos

	Murcia	España
Abandonos	2,4%	3,5%

El primer indicador del proceso muestra que, en 2024, el 9,9 % de la población adulta en la Región de Murcia declara tener intención de emprender en los próximos tres años. Esta cifra supone un incremento de 1,4 puntos porcentuales respecto al año anterior, cuando se registraba un 8,5 %. Aun así, la Región continúa situándose por debajo de la media nacional, que alcanza el 11,2 %.

Más allá de la intención, la Tasa de Actividad Emprendedora Total (TEA) refleja el porcentaje de población de entre 18 y 64 años que, en el momento de la medición, se encuentra involucrada activamente en la puesta en marcha o la gestión de un nuevo negocio. En el caso de la Región de Murcia, este indicador alcanza en 2024 un valor del 6,1 %, lo que supone una estabilización respecto al año anterior. A pesar de mantenerse en ese nivel, la TEA regional continúa por debajo de la media nacional, que se sitúa en un 7,2 %. La estabilización de la TEA en 2024 puede interpretarse como una señal de madurez del ecosistema emprendedor regional. Después del notable incremento registrado en 2023, cuando la tasa pasó del 5,1 % en 2022 al 6,1 %, lo que supuso un crecimiento cercano al 20 %, el mantenimiento de este nivel indica que se ha alcanzado una base sólida de actividad emprendedora.

Gráfico 2.1.2
TASAS DE ACTIVIDAD EMPRENDEDORA EN ESPAÑA 2024 Y MURCIA 2023 Y 2024 (%)

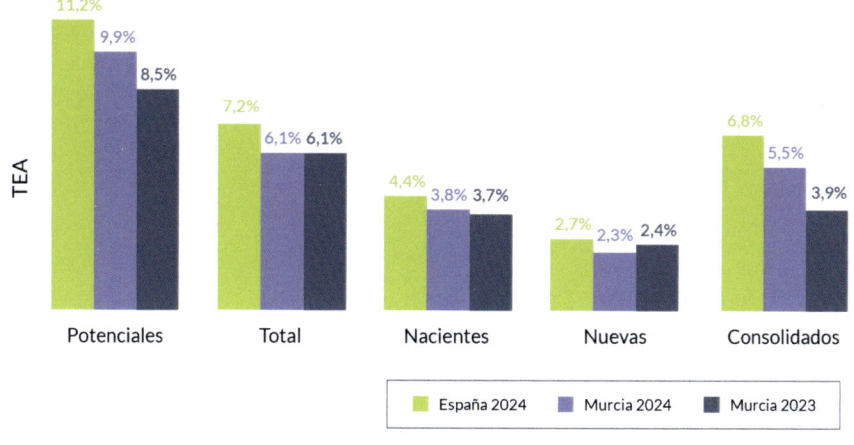

Fuente: GEM Murcia APS 2024

Dentro de la TEA, el 3,8 % de la población murciana forma parte del grupo de emprendedores nacientes, mientras que un 2,3 % se identifica como emprendedor nuevo. Esta distribución, similar a la del año anterior, consolida la inversión de la tendencia previa, cuando los emprendedores nuevos representaban una proporción mayor. En 2024, los nacientes suponen el 62,3 % del total de la TEA en la Región, frente al 37,7 % correspondiente a los nuevos emprendedores.

En lo que respecta a los empresarios consolidados, es decir, aquellos que gestionan negocios con más de 42 meses de funcionamiento, el dato registrado en la Región de Murcia en 2024 es del 5,5 %. Esta cifra representa una recuperación de 1,6 puntos porcentuales respecto al valor alcanzado en 2023, cuando descendió hasta el 3,9 %. Este repunte en tan solo un año no solo revierte la caída anterior, sino que refleja una recuperación sólida del tejido empresarial consolidado en la Región de Murcia

Finalmente, el porcentaje de población que ha abandonado una iniciativa empresarial en el último año se sitúa en 2024 en el 2,4 % en la Región de Murcia. Aunque este valor supone un leve incremento respecto al 2,3 % de 2023, sigue estando por debajo de la media nacional, que alcanza el 3,5 %. Este diferencial respecto a la media nacional refuerza la idea de que el ecosistema emprendedor en la Región de Murcia es sólido. La menor proporción de abandonos indica que los proyectos tienden a ser más sostenibles y que, una vez iniciados, cuentan con mayores posibilidades de mantenerse en el tiempo. Esta capacidad de permanencia constituye una fortaleza clave del tejido empresarial regional.

El gráfico 2.1.3. permite observar que, en la Región de Murcia, los indicadores de emprendimiento presentan diferencias por género en todas las fases analizadas. En 2024, los hombres registran tasas más elevadas que las mujeres tanto en el emprendimiento potencial como en la TEA y en la consolidación empresarial. Estas diferencias, aunque persistentes, se enmarcan dentro de una tendencia generalizada también presente a nivel nacional, donde los datos reflejan una brecha de participación similar.

La mejora de estas cifras pasa por seguir impulsando referentes, redes de apoyo y condiciones que favorezcan la implicación de más mujeres en iniciativas emprendedoras.

Gráfico 2.1.3
EMPRENDIMIENTO POTENCIAL, TEA Y EMPRESAS CONSOLIDADAS EN FUNCIÓN DEL SEXO EN REGIÓN DE MURCIA Y ESPAÑA 2024 (%)

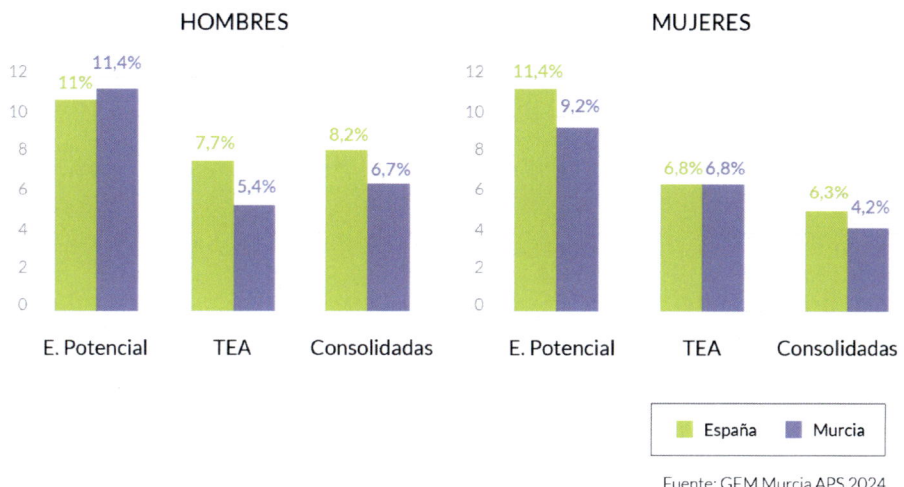

Fuente: GEM Murcia APS 2024

La sostenibilidad de los nuevos negocios a lo largo del tiempo es un elemento clave para la consolidación del emprendimiento. Por ello, resulta relevante analizar los casos de abandono de la actividad empresarial como una dimensión adicional del proceso emprendedor (gráfico 2.1.4.). En 2024, el 2,4 % de la población adulta en la Región de Murcia afirma haber abandonado una iniciativa empresarial en el último año. Aunque este porcentaje representa un leve aumento respecto al 2,3 % registrado en 2023, se mantiene claramente por debajo de la media nacional, situada en el 3,5 %.

Como se ha indicado, este dato, especialmente al compararse con la TEA, refuerza la idea de que los proyectos emprendidos en Murcia presentan, en términos relativos, una mayor capacidad de continuidad.

Gráfico 2.1.4
ABANDONO DE LA ACTIVIDAD EMPRESARIAL EN MURCIA Y ESPAÑA EN 2024

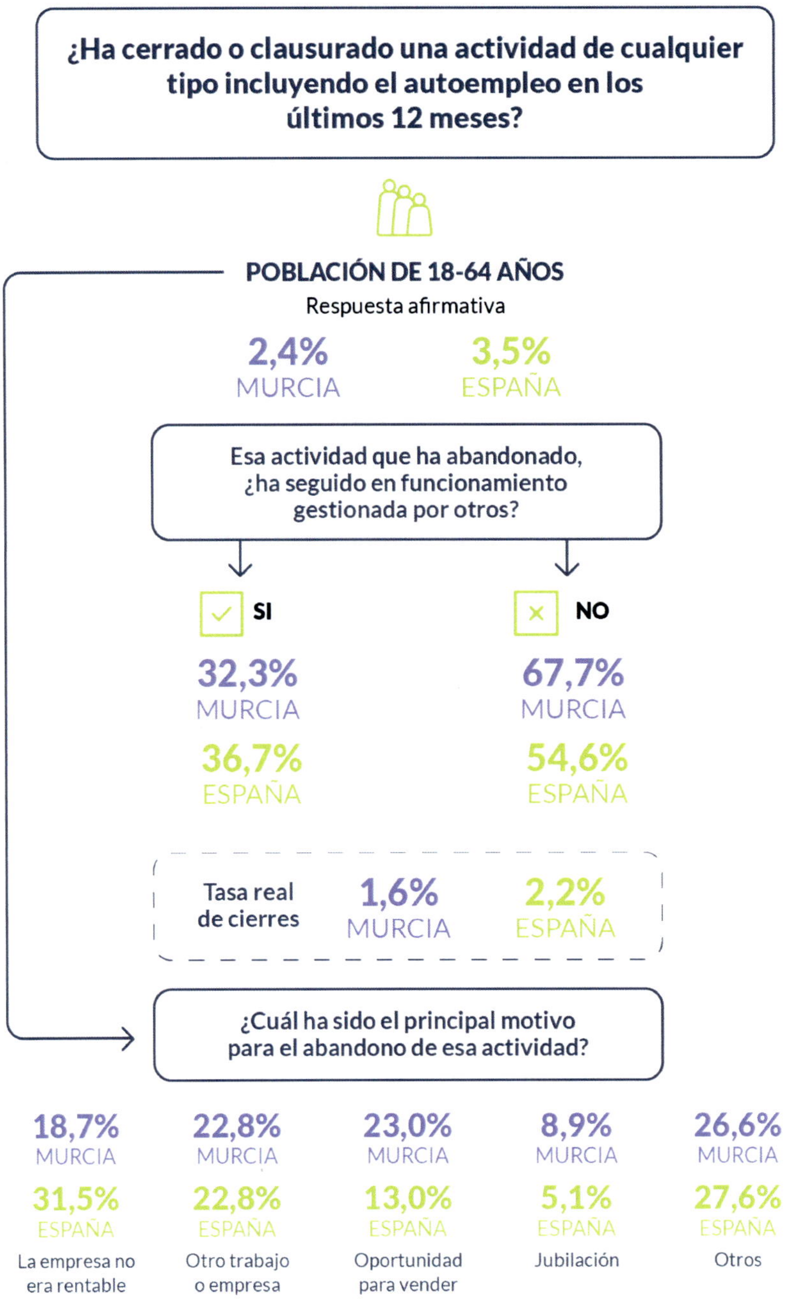

> **¿Ha cerrado o clausurado una actividad de cualquier tipo incluyendo el autoempleo en los últimos 12 meses?**

POBLACIÓN DE 18-64 AÑOS
Respuesta afirmativa

2,4%
MURCIA

3,5%
ESPAÑA

> **Esa actividad que ha abandonado, ¿ha seguido en funcionamiento gestionada por otros?**

✓ SI	✗ NO
32,3% MURCIA	**67,7%** MURCIA
36,7% ESPAÑA	**54,6%** ESPAÑA

Tasa real de cierres **1,6%** MURCIA **2,2%** ESPAÑA

> **¿Cuál ha sido el principal motivo para el abandono de esa actividad?**

	La empresa no era rentable	Otro trabajo o empresa	Oportunidad para vender	Jubilación	Otros
MURCIA	18,7%	22,8%	23,0%	8,9%	26,6%
ESPAÑA	31,5%	22,8%	13,0%	5,1%	27,6%

Fuente: GEM Murcia APS 2024

Como cada año, no todas las actividades catalogadas como abandonadas corresponden a cierres definitivos. En 2024, un 32,3 % de las personas que cesaron su actividad declararon que su negocio continúa operativo bajo la gestión de otras personas, ya sea por desvinculación voluntaria o por la oportunidad de venta. Esto implica que la tasa real de cierres efectivos se reduce al 1,6 %, un valor inferior al registrado en España (2,2 %).

El análisis de los motivos de cierre revela una estructura diferenciada respecto al contexto nacional. En la Región de Murcia, la razón más mencionada en 2024 es la "oportunidad para vender", con un 23 %, por encima del 13 % nacional. Le siguen el cambio hacia otro trabajo o empresa (22,8 %) y, en tercer lugar, la falta de rentabilidad del negocio (18,7 %), muy por debajo del 31,5 % registrado en el conjunto del país. Otros factores como la jubilación (8,9 %) o motivos diversos (26,6 %) también tienen un peso relevante. Este perfil sugiere que, en Murcia, el cierre de negocios no se produce principalmente por fracaso económico, causa principal a nivel nacional, sino en muchos casos como resultado de decisiones estratégicas o transiciones laborales, lo que refuerza la lectura positiva sobre la solidez del tejido emprendedor regional.

2.2 Dinámica de la actividad emprendedora

La evolución de la TEA en la Región de Murcia se presenta en el gráfico 2.2.1. Tras un periodo de crecimiento sostenido entre 2016 y 2019, la TEA sufrió un retroceso en 2020, coincidiendo con el impacto de la pandemia. A partir de 2021, se inicia una etapa de recuperación que se mantiene hasta 2024. En los dos últimos años, la TEA regional se estabiliza en un 6,1 %, tras el fuerte incremento registrado en 2023 respecto a 2022.

No obstante, esta recuperación no ha sido suficiente para alcanzar la media nacional, que en 2024 se sitúa en un 7,2 %. La brecha entre Murcia y el conjunto de España se mantiene estable, lo que sugiere que, aunque el ecosistema emprendedor regional ha reforzado su dinamismo, el ritmo de crecimiento sigue siendo algo más moderado que en el resto del país.

Gráfico 2.2.1
EVOLUCIÓN DE LA TEA EN MURCIA Y COMPARATIVA CON ESPAÑA (2011-2024)

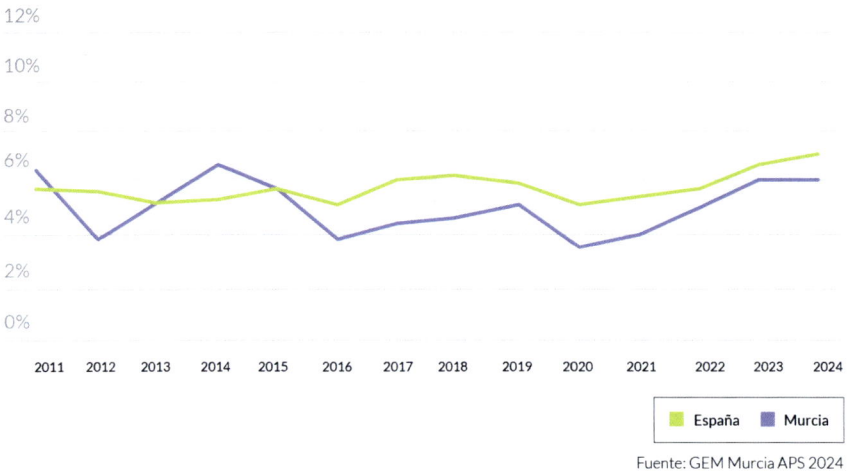

Fuente: GEM Murcia APS 2024

El gráfico 2.2.2. recoge la evolución de las empresas consolidadas, es decir, aquellas que han superado los 42 meses de actividad. En el caso de Murcia, la serie presenta un comportamiento irregular a lo largo del periodo 2011–2024, con fluctuaciones más marcadas que en la media nacional.

Desde 2019, la tasa de consolidación en la Región se ha mantenido de forma constante por debajo del promedio español. En 2023 se registró un mínimo del 3,9 %, acentuando la brecha con respecto a la media nacional (6,7 %). No obstante, en 2024 se observa una recuperación relevante, con una tasa que alcanza el 5,5 %. Aunque esta cifra sigue situándose por debajo del 6,8 % nacional, la diferencia se reduce hasta los 1,3 puntos porcentuales. Esta evolución sugiere, como ya se ha indicado, una tendencia positiva y refuerza la idea de que, tras un periodo de dificultad, el ecosistema emprendedor regional comienza a consolidar de forma más efectiva sus iniciativas.

El gráfico 2.2.3. muestra la evolución de las iniciativas nacientes (con menos de tres meses de actividad) y las iniciativas nuevas (con una antigüedad de entre cuatro y 42 meses) tanto en la Región de Murcia como en el conjunto de España, a lo largo del periodo 2011–2024. Este análisis permite observar el dinamismo emprendedor en las primeras etapas del ciclo empresarial, así como su capacidad de continuidad.

Gráfico 2.2.2
EVOLUCIÓN DE LA TASA DE ACTIVIDAD CONSOLIDADA MURCIA ESPAÑA (2011-2024)

Fuente: GEM Murcia APS 2024

En la Región de Murcia, el comportamiento de ambas categorías ha sido históricamente más volátil que en el conjunto nacional. En 2024, se observa una estabilización de las iniciativas nacientes, con un ligero crecimiento de 0,1 puntos porcentuales respecto al año anterior. Por el contrario, las iniciativas nuevas descienden en 0,1 puntos, tras haber mostrado crecimientos positivos durante los tres años anteriores. Esta evolución sugiere una leve ralentización en la conversión de iniciativas nacientes en nuevas empresas, aunque sin pérdida significativa del impulso emprendedor.

A nivel nacional, los datos reflejan un mayor dinamismo en las iniciativas nacientes, con un incremento de 1,3 puntos en 2024, el valor más elevado desde 2011. Sin embargo, las iniciativas nuevas experimentan un leve descenso de 0,1 puntos, lo que podría interpretarse como un ligero desfase entre el nacimiento y la consolidación de los proyectos.

En conjunto, los datos apuntan a que, tanto en Murcia como en España, se mantiene una base sólida de iniciativas emprendedoras en fase temprana. No obstante, la diferencia en el comportamiento de las nuevas iniciativas entre ambos contextos indica que sigue siendo clave reforzar los mecanismos de acompañamiento que permitan sostener la continuidad de los negocios más allá de su fase de lanzamiento inicial.

Gráfico 2.2.3
TASAS DE CRECIMIENTO Y DECRECIMIENTO DEL ÍNDICE TEA MURCIA Y ESPAÑA 2011-2024 (PUNTOS PORCENTUALES)

REGIÓN DE MURCIA

ESPAÑA

■ Nacientes   ■ Nuevas

Fuente: GEM Murcia-España APS 2024

2.3 Perspectiva en el contexto nacional de las actitudes y valoraciones sobre el emprendimiento

El análisis comparado permite situar a la Región de Murcia dentro del contexto nacional e internacional, mostrando las diferencias en las actitudes hacia el emprendimiento y en los niveles de actividad empresarial.

La comparativa entre comunidades autónomas permite observar que Murcia se sitúa en una posición intermedia en cuanto a emprendedores potenciales y nacientes, aunque destaca ligeramente por un mayor peso de los nuevos emprendedores. Esta situación, representada en el gráfico 2.3.1, sugiere que la intención de emprender se traduce en una cierta capacidad de acción, si bien todavía limitada en comparación con las regiones con mayor dinamismo emprendedor.

Concretamente, La Comunidad Valenciana, Cataluña, Castilla-La Mancha y la Comunidad de Madrid se perfilan como las C.C.A.A. con mayor porcentaje de emprendedores potenciales, superando la media española (11,2%), aunque en el caso de la Comunidad Valenciana estos datos, recogidos antes de las inundaciones, no reflejan la influencia de la crisis originada por la dana en la población de las zonas afectadas. Por el contrario, La Rioja, Asturias y el País Vasco figuran como los territorios con menor intención emprendedora, por debajo del 7% de la población adulta residente en España.

En lo relativo a la tasa de actividad emprendedora (TEA), la Región de Murcia presenta valores similares a la media española. Destaca, además, por la proporción de negocios consolidados, lo que pone de manifiesto una cierta estabilidad en el tejido empresarial regional. No obstante, el nivel de cierres de empresas se mantiene significativo y en línea con la tendencia nacional. Esta información se observa en el gráfico 2.3.2, que muestra conjuntamente la TEA, los negocios consolidados y los cierres efectivos en 2024.

Las tasas de actividad emprendedora reciente (TEA) y consolidada son mayores que la media de España en la Comunidad de Madrid, Cataluña y Comunidad Valenciana. En el caso de las Islas Baleares, la tasa de emprendimiento reciente supera la media española, pero no así la tasa de emprendedores consolidados, mientras que Navarra, la primera en emprendedores consolidados, es de las últimas en porcentaje de emprendedores recientes. El mayor porcentaje de cierres se produce en la Comunidad de Madrid y Cataluña, y el menor en La Rioja y el País Vasco.

A pesar de la variabilidad de los datos entre comunidades autónomas, en 2024 podemos identificar algunos perfiles emprendedores similares por territorio. La Comunidad de Madrid y Cataluña, tractores del emprendimiento en España, tanto de iniciativas recientes (TEA) como de consolidación de proyectos, son territorios en los que la tasa de cierres supera, y en el caso de la Comunidad de Madrid duplica, la media española, pero en los que la mitad de los emprendedores que abandonan continúan inmersos en el proceso emprendedor con nuevos proyectos empresariales.

Gráfico 2.3.1
POSICIONAMIENTO DE MURCIA A NIVEL NACIONAL EN FUNCIÓN DEL PORCENTAJE DE EMPRENDEDORES POTENCIALES, NACIENTES Y NUEVOS

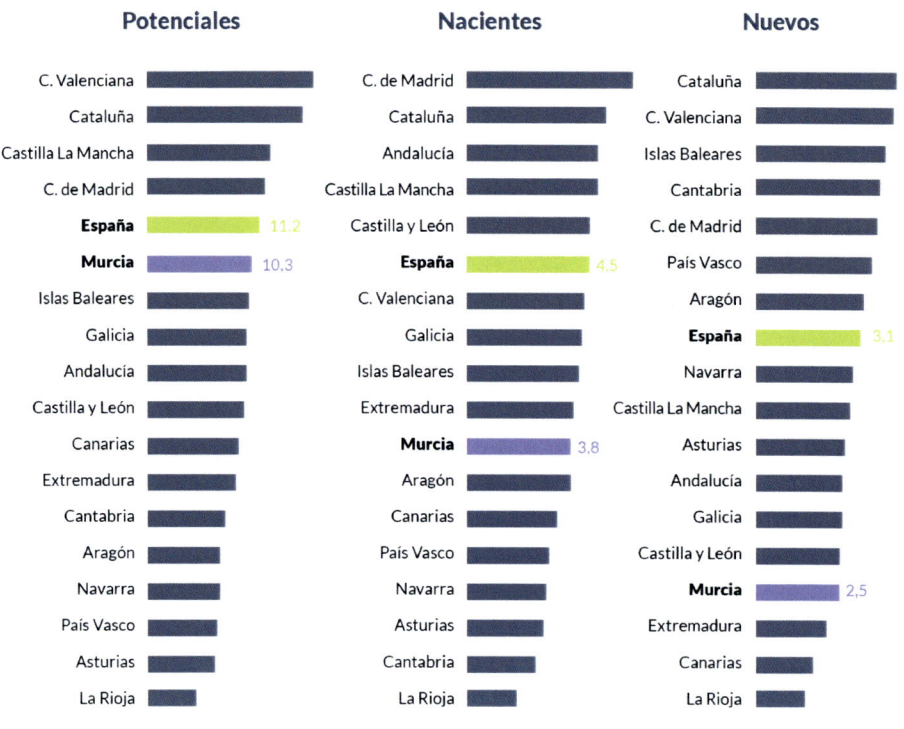

Fuente: GEM España APS 2024

Por el contrario, otras CC. AA. como La Rioja o el País Vasco se caracterizan por un perfil emprendedor más conservador, en el que hay una menor proporción de personas dispuestas a emprender, pero que una vez emprenden no abandonan fácilmente. Y otras, como Navarra, que encabeza la lista en proporción de emprendedores consolidados, pero es la cuarta por la cola en intención emprendedora e iniciativas recientes (TEA).

Gráfico 2.3.2

POSICIONAMIENTO DE MURCIA A NIVEL NACIONAL EN FUNCIÓN DEL PORCENTAJE DE EMPRENDEDORES EN FASE INICIAL (TEA), CONSOLIDADOS Y DE LAS PERSONAS INVOLUCRADAS EN CIERRES DE EMPRESAS

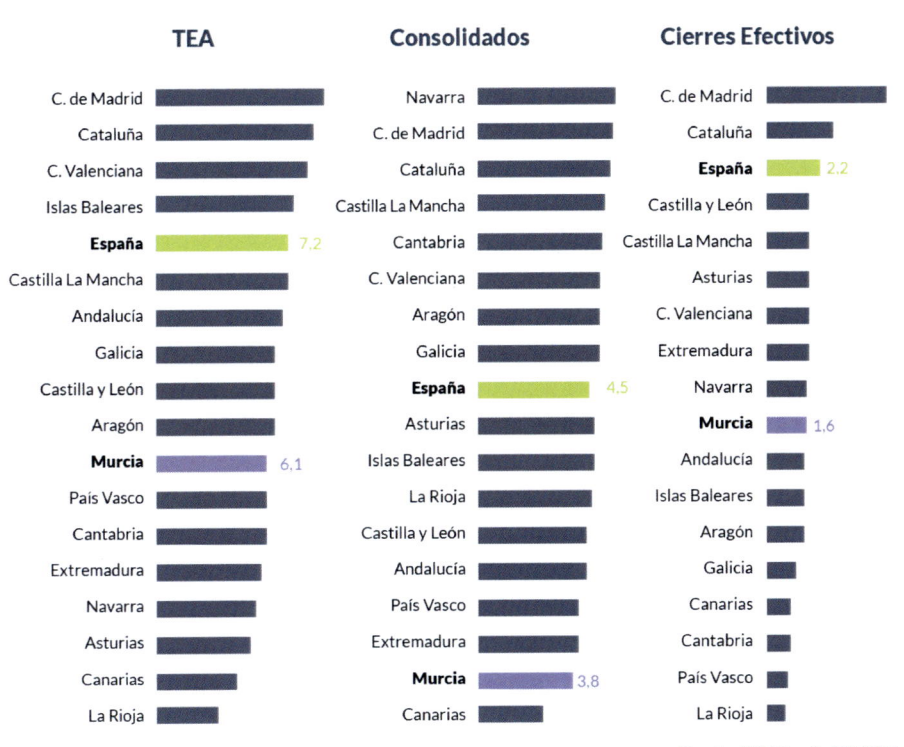

Fuente: GEM España APS 2024

CAPÍTULO 3
PERFIL DE LA PERSONA QUE EMPRENDE

3.1 Motivaciones

3.2 Edad

3.3 Educación

Capítulo 3. Perfil de la persona que emprende

3.1 Motivaciones

Los motivos que llevan a una persona a involucrarse en una actividad empresarial pueden ser muy diversos; por ello, el proyecto GEM distingue entre cuatro motivaciones básicas, no excluyentes, para emprender un nuevo negocio:

- El deseo de hacer algo que marque una diferencia en el mundo
- Crear una gran riqueza o generar una renta muy alta
- Continuar una tradición familiar
- Ganarse la vida porque el trabajo escasea

El hecho de que no sean excluyentes implica que una persona pueda señalar más de una de esas motivaciones y, por tanto, que el porcentaje total por unidad de análisis pueda ser superior al 100%.

En 2024, en la Región de Murcia, tanto para los emprendedores recientes (TEA) como para aquellos que lideran empresas ya consolidadas, la principal razón que los ha llevado a crear una empresa (gráfico 3.1.1.) ha sido *intentar ganarse la vida porque el trabajo escasea*. Entre los emprendedores recientes, esta motivación muestra una clara tendencia decreciente hasta situarse en el 63%, siendo esta una tendencia compartida con el conjunto de España. Entre los emprendedores ya consolidados también se da una reducción de esta motivación, pero en este caso se observa un cambio de signo en la tendencia alcista iniciada en 2020.

Las motivaciones más ambiciosas (*marcar una diferencia en el mundo y crear una gran riqueza o generar una renta muy alta*) constituyen la segunda razón más alegada por los que decidieron recientemente crear una empresa, siendo señaladas ambas razones por el 41% de dichos emprendedores.

En el caso de los emprendedores consolidados, también se posiciona en segundo lugar el *deseo de marcar una diferencia en el mundo* (42%); sin embargo, la *intención de emprender para crear una gran riqueza* o *generar una renta muy alta* es la que se muestra con menor frecuencia (32%).

Si nos centramos en la motivación que se alega con menos frecuencia, vemos que es *continuar con una tradición familiar*, tanto entre las iniciativas recientes como entre las consolidadas (18% en recientes vs 34% en consolidadas); si bien para ambos tipos de iniciativas se observa un incremento de esta motivación en este último año.

Si analizamos la motivación predominante de las iniciativas recientes en un contexto regional (gráfico 3.1.2.), vemos que la Región de Murcia se sitúa entre las que más emprenden con la intención de poder *ganarse la vida porque el trabajo escasea*, siendo superada solo por Extremadura, Baleares y la Rioja. Se ha de tener en cuenta que este tipo de emprendimiento es el de menor calidad, ya que conlleva menor desarrollo económico. Paradójicamente, Murcia también se encuentra entre las regiones que más emprenden buscando *crear riqueza* o *generar una renta muy alta*, motivación esta que es considerada como una de las más ambiciosas de las analizadas por el proyecto GEM.

Gráfico 3.1.1
EVOLUCIÓN DE LAS MOTIVACIONES DE LAS PERSONAS EMPRENDEDORAS

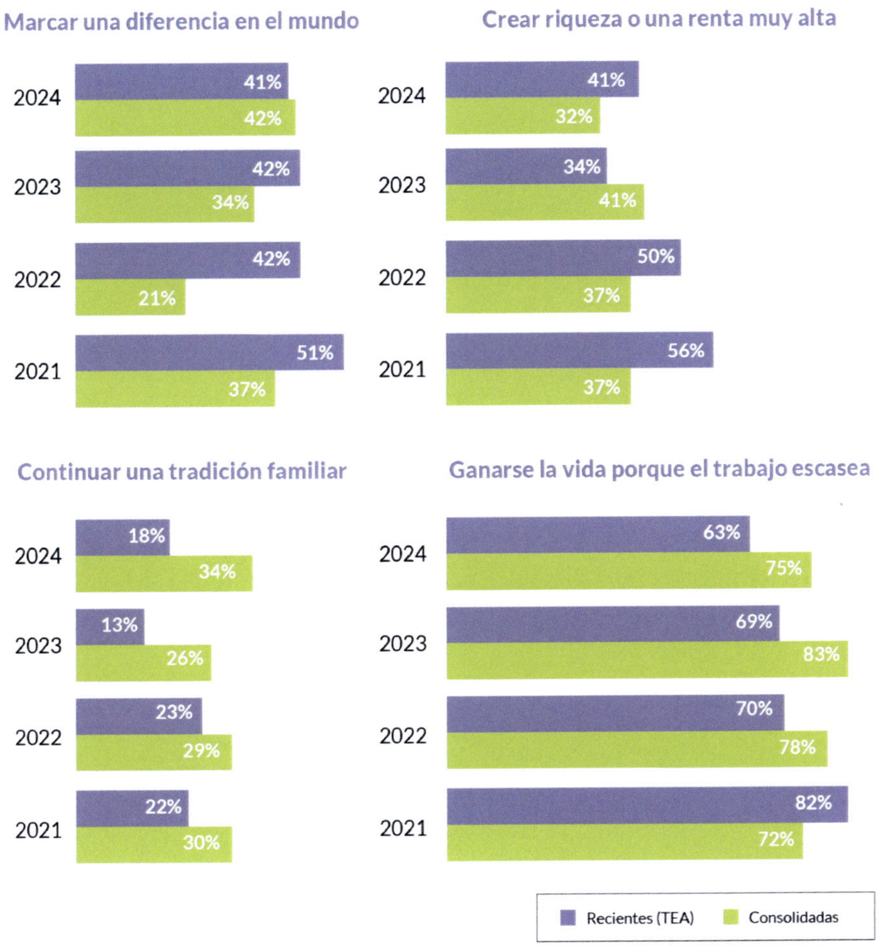

Marcar una diferencia en el mundo

- 2024: 41% / 42%
- 2023: 42% / 34%
- 2022: 42% / 21%
- 2021: 51% / 37%

Crear riqueza o una renta muy alta

- 2024: 41% / 32%
- 2023: 34% / 41%
- 2022: 50% / 37%
- 2021: 56% / 37%

Continuar una tradición familiar

- 2024: 18% / 34%
- 2023: 13% / 26%
- 2022: 23% / 29%
- 2021: 22% / 30%

Ganarse la vida porque el trabajo escasea

- 2024: 63% / 75%
- 2023: 69% / 83%
- 2022: 70% / 78%
- 2021: 82% / 72%

■ Recientes (TEA) ■ Consolidadas

Fuente: GEM Murcia APS 2024

En cuanto a la motivación más inspiradora y de compromiso social al orientarse a conseguir un mundo mejor creando una empresa (*marcar una diferencia en el mundo*), los datos colocan a Murcia en una posición intermedia entre las comunidades autónomas, aún habiéndose reducido su peso respecto a 2023 en 2 puntos porcentuales.

Finalmente, cabe destacar que el incremento de 5 puntos porcentuales respecto a 2023 en los emprendedores involucrados en un negocio por *continuar con una tradición familiar* ha llevado a Murcia a situarse al mismo nivel que el conjunto de España y a una situación intermedia entre las comunidades autónomas. En 2023 la Región de Murcia se encontraba entre las 3 comunidades que menos emprendían con base en esta motivación.

Si analizamos las diferencias de género en las motivaciones del emprendimiento (gráfico 3.1.3.), se aprecia que las mayores diferencias entre las iniciativas recientes se encuentran en la motivación de emprender para *continuar con una tradición familiar* (mujeres 28% vs hombres 7%). Esta gran diferencia es en gran parte la consecuencia de una reducción progresiva en los valores del colectivo masculino a la que se ha unido un incremento significativo en el colectivo femenino. Por el contrario, entre las iniciativas consolidadas no se observan diferencias de género (mujeres 34% vs hombres 34%).

Respecto a las motivaciones más ambiciosas desde una perspectiva social y económica, vemos que, en 2024, entre las iniciativas recientes, la proporción de mujeres motivadas por *marcar una diferencia en el mundo* ha aumentado li-

Cabe destacar que el incremento de 5 puntos porcentuales respecto a 2023 en los emprendedores involucrados en un negocio por continuar con una tradición familiar ha llevado a Murcia a situarse al mismo nivel que el conjunto de España

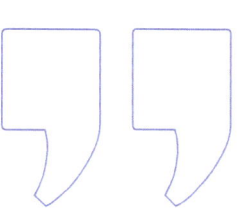

Gráfico 3.1.2
MOTIVACIONES DEL EMPRENDIMIENTO RECIENTE (TEA) EN EL CONTEXTO NACIONAL (%)

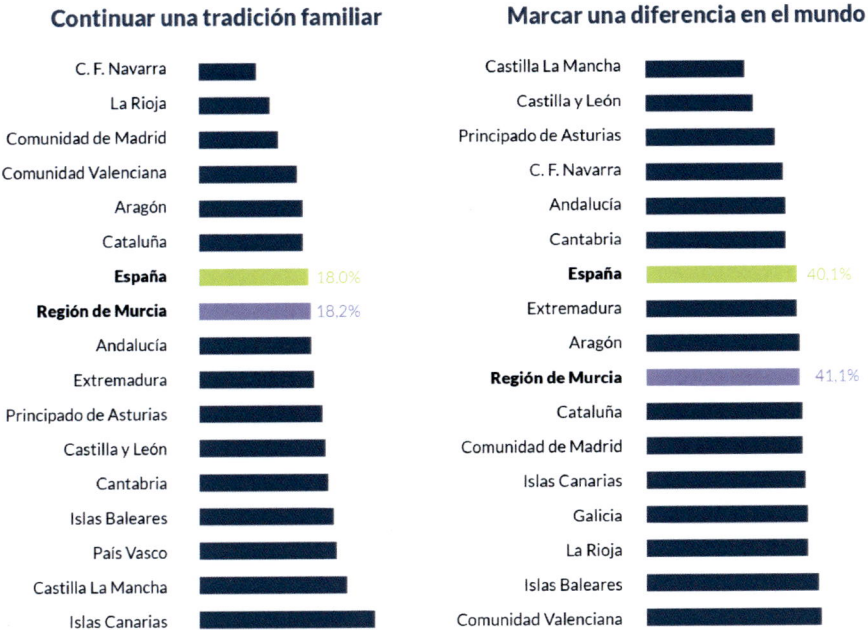

Continuar una tradición familiar

- C. F. Navarra
- La Rioja
- Comunidad de Madrid
- Comunidad Valenciana
- Aragón
- Cataluña
- **España** — 18,0%
- **Región de Murcia** — 18,2%
- Andalucía
- Extremadura
- Principado de Asturias
- Castilla y León
- Cantabria
- Islas Baleares
- País Vasco
- Castilla La Mancha
- Islas Canarias
- Galicia

Marcar una diferencia en el mundo

- Castilla La Mancha
- Castilla y León
- Principado de Asturias
- C. F. Navarra
- Andalucía
- Cantabria
- **España** — 40,1%
- Extremadura
- Aragón
- **Región de Murcia** — 41,1%
- Cataluña
- Comunidad de Madrid
- Islas Canarias
- Galicia
- La Rioja
- Islas Baleares
- Comunidad Valenciana

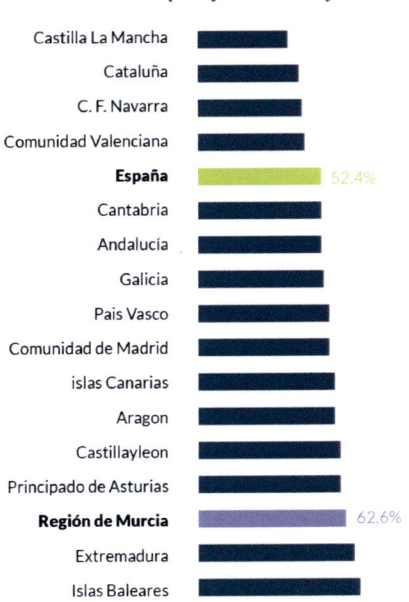

Ganarse la vida porque el trabajo escasea

- Castilla La Mancha
- Cataluña
- C. F. Navarra
- Comunidad Valenciana
- **España** — 52,4%
- Cantabria
- Andalucía
- Galicia
- País Vasco
- Comunidad de Madrid
- islas Canarias
- Aragon
- Castillayleon
- Principado de Asturias
- **Región de Murcia** — 62,6%
- Extremadura
- Islas Baleares
- La Rioja

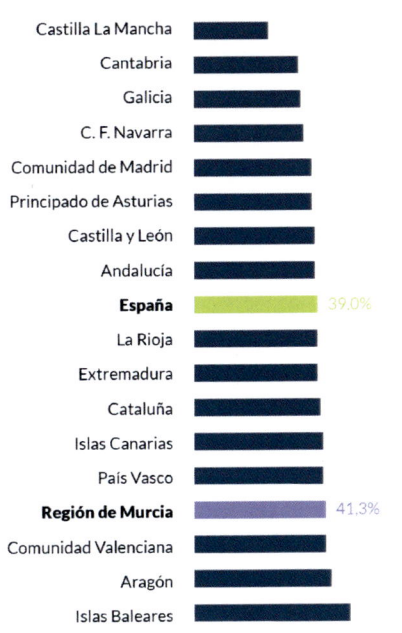

Crear riqueza o una renta muy alta

- Castilla La Mancha
- Cantabria
- Galicia
- C. F. Navarra
- Comunidad de Madrid
- Principado de Asturias
- Castilla y León
- Andalucía
- **España** — 39,0%
- La Rioja
- Extremadura
- Cataluña
- Islas Canarias
- País Vasco
- **Región de Murcia** — 41,3%
- Comunidad Valenciana
- Aragón
- Islas Baleares

Fuente: GEM Murcia APS 2024

geramente, mientras que esta proporción se ha reducido en los hombres generándose, así, una reducción de las diferencias (mujeres 37 % vs hombres 46%). En cuanto a la motivación de emprender para *crear una gran riqueza* o *generar una renta muy alta*, se observa un cambio de signo en el desequilibrio (mujeres 43% vs hombres 40%) el cual es consecuencia del gran incremento que se ha producido en esta motivación entre el colectivo femenino. Por su parte, entre las iniciativas consolidadas, ambas motivaciones muestran diferencias significativas en favor de los hombres.

En relación con las iniciativas recientes basadas en la necesidad de *ganarse la vida porque el trabajo escasea* es en el colectivo masculino donde se muestra una mayor incidencia de esta motivación (mujeres 61 % vs hombres 65%), lo que indica que se rompe con la tendencia que se mantenía desde 2019, año en el que el proyecto GEM comenzó a analizar este dato. Sin embargo, en las iniciativas consolidadas este cambio de tendencia no se observa y siguen siendo las mujeres quienes argumentan con mayor frecuencia esta motivación (mujeres 81 % vs hombres 71%).

A modo de conclusión, en 2024 la motivación dominante para emprender sigue siendo *ganarse la vida ante la escasez de alternativas de empleo*, afecta al 63% de los emprendedores recientes y convive con dos impulsos aspiracionales de igual peso, *marcar una diferencia en el mundo* y *crear gran riqueza* o *una renta muy alta*, ambos con el 41%. La razón que menos moviliza el emprendimiento reciente es *continuar una tradición familiar*, aunque repunta hasta el 18%, cinco puntos más que en 2023.

En las iniciativas consolidadas se acentúa el carácter de necesidad. El 75% declara emprender para *ganarse la vida porque el trabajo escasea* y solo el 32% apunta a la *creación de gran riqueza* como motivo principal. Con todo, entre los recientes se mantiene la tendencia descendente de la motivación por necesidad, que baja del 69% al 63% en el último año.

En el mapa autonómico, la Región de Murcia figura entre las cuatro comunidades donde más se *emprende por necesidad*. A la vez, aparece también entre las cuatro con mayor peso de quienes emprenden buscando *crear gran riqueza* o *una renta muy alta*, señal de un ecosistema dual que combina emprendimiento defensivo con ambición de crecimiento.

Gráfico 3.1.3

EVOLUCIÓN DE LAS MOTIVACIONES DE LAS PERSONAS EMPRENDEDORAS POR SEXO

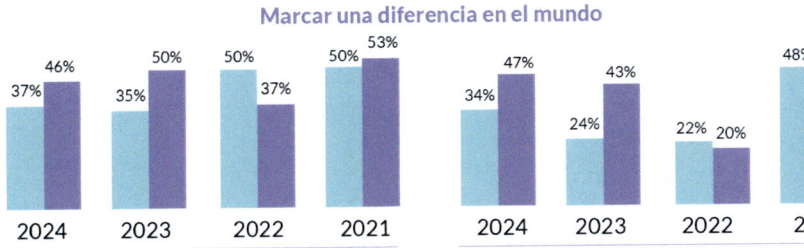

Marcar una diferencia en el mundo

TEA: 2024 37% / 46%, 2023 35% / 50%, 2022 50% / 37%, 2021 50% / 53%

EMPRESAS CONSOLIDADAS: 2024 34% / 47%, 2023 24% / 43%, 2022 22% / 20%, 2021 48% / 30%

Crear riqueza o una renta muy alta

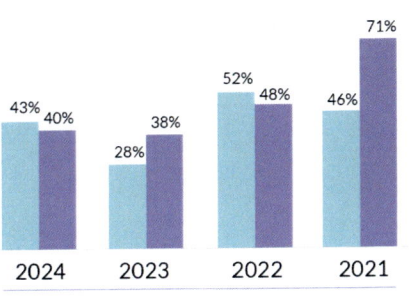
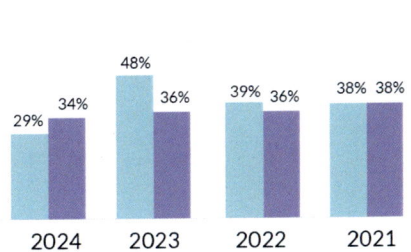

TEA: 2024 43% / 40%, 2023 28% / 38%, 2022 52% / 48%, 2021 46% / 71%

EMPRESAS CONSOLIDADAS: 2024 29% / 34%, 2023 48% / 36%, 2022 39% / 36%, 2021 38% / 38%

Continuar una tradición familiar

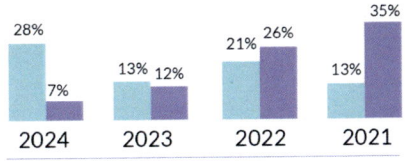
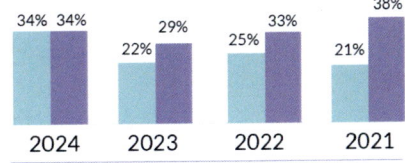

TEA: 2024 28% / 7%, 2023 13% / 12%, 2022 21% / 26%, 2021 13% / 35%

EMPRESAS CONSOLIDADAS: 2024 34% / 34%, 2023 22% / 29%, 2022 25% / 33%, 2021 21% / 38%

Ganarse la vida porque el trabajo escasea

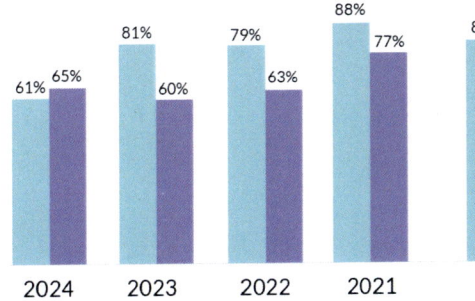
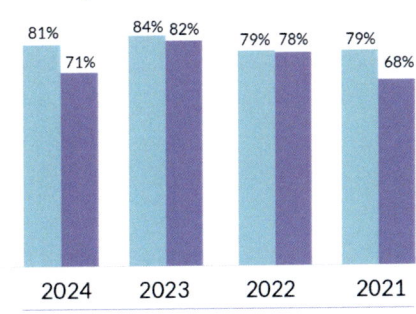

TEA: 2024 61% / 65%, 2023 81% / 60%, 2022 79% / 63%, 2021 88% / 77%

EMPRESAS CONSOLIDADAS: 2024 81% / 71%, 2023 84% / 82%, 2022 79% / 78%, 2021 79% / 68%

Mujer / Hombre

Fuente: GEM Murcia APS 2024

Por género, en el emprendimiento reciente la mayor brecha se observa en *continuar una tradición familiar*, 28% de mujeres frente a 7% de hombres. En las iniciativas consolidadas la diferencia más amplia vuelve a estar en *marcar una diferencia en el mundo*, 34% de mujeres frente a 47% de hombres. Además, por primera vez desde 2019, el porcentaje de mujeres que *emprenden por necesidad* es inferior al de los hombres, 61% frente a 65%, lo que sugiere una ligera convergencia hacia motivaciones menos defensivas entre ellas.

3.2 Edad

La mayoría de los emprendedores potenciales y recientes (TEA) se concentra en el grupo de edad comprendido entre los 25 y los 44 años, tal como se muestra en el gráfico 3.2.1., manteniéndose la tendencia observada en años anteriores. No obstante, en 2024 destaca el notable aumento de la franja de edad entre los 45 y los 54 años, que crece más de 20 puntos porcentuales respecto a 2023 en el caso de los emprendedores potenciales, y más de 10 puntos en el caso de los emprendedores recientes (TEA). Por el contrario, se observa un descenso significativo en la participación de los más jóvenes (18-24 años) entre los emprendedores potenciales, que pasan del 19,6% en 2023 al 13,9% en 2024. Esta disminución puede interpretarse como un posible retraso en la incorporación al proceso emprendedor por parte de los jóvenes.

En cuanto a las iniciativas consolidadas, el perfil de edad predominante se sitúa entre los 35 y los 54 años. Esto contrasta con la situación de 2023, cuando más de la mitad de los emprendedores consolidados pertenecían al tramo de mayor edad (55-64 años). Asimismo, aunque en menor medida, cabe destacar un aumento de tres puntos porcentuales en la franja de 25 a 34 años. Resulta coherente, además, la ausencia de emprendedores entre los 18 y 24 años en este tipo de iniciativas ya maduras.

A nivel nacional, los emprendedores recientes (TEA) también se concentran mayoritariamente en edades superiores a los 35 años: ocho de cada diez superan esta edad y más de la mitad tiene más de 45 años. En contraste, el grupo más joven (18-24 años) sigue siendo minoritario, aunque experimenta un leve repunte, del 4% al 9% entre 2023 y 2024. Este patrón nacional es consistente con el observado en la Región de Murcia, si bien presenta algunos matices. Mientras que en el ámbito nacional el grupo de 45 a 54 años es el único que incrementa su intención emprendedora (del 20% al 31%), en la Región de Murcia destaca la disminución del emprendimiento potencial entre los más jóvenes. En ambos casos, se confirma una tendencia estructural hacia una incorporación relativamente tardía al proceso emprendedor.

Gráfico 3.2.1
DISTRIBUCIÓN DE LAS PERSONAS EMPRENDEDORAS POR EDAD

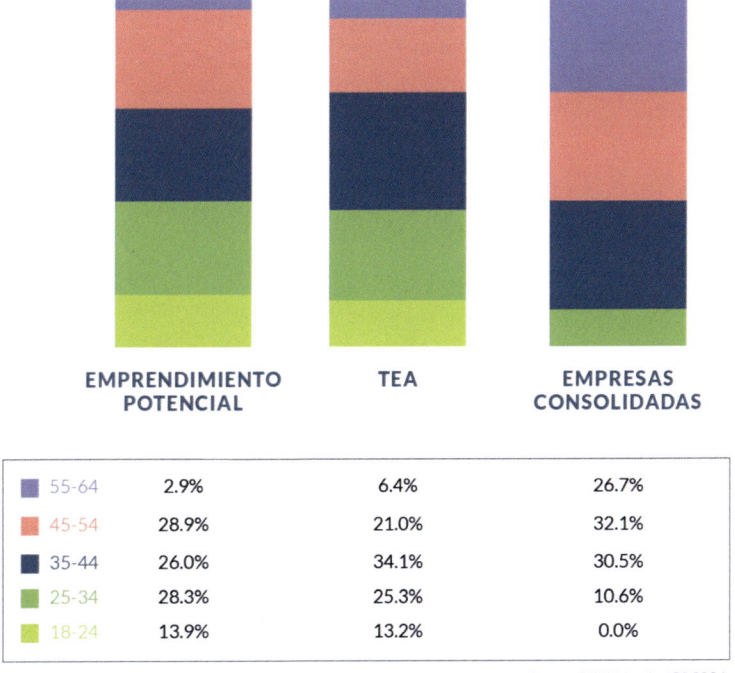

	EMPRENDIMIENTO POTENCIAL	TEA	EMPRESAS CONSOLIDADAS
55-64	2.9%	6.4%	26.7%
45-54	28.9%	21.0%	32.1%
35-44	26.0%	34.1%	30.5%
25-34	28.3%	25.3%	10.6%
18-24	13.9%	13.2%	0.0%

Fuente: GEM Murcia APS 2024

Los gráficos 3.2.2. y 3.2.3. permiten analizar la evolución del índice TEA por tramos de edad a lo largo del tiempo. En el grupo de edad intermedia (gráfico 3.2.2.) destaca en 2024 la recuperación del tramo de 45 a 54 años, que gana más de tres puntos porcentuales respecto al año anterior. Asimismo, la franja de 25 a 34 años consolida su tendencia ascendente, alcanzando su valor más alto en la serie. En cambio, el grupo de 35 a 44 años, que había experimentado un fuerte crecimiento en 2023, muestra una importante corrección a la baja en 2024, aunque se mantiene en niveles elevados en el contexto de la serie histórica.

Gráfico 3.2.2
EVOLUCIÓN DEL ÍNDICE TEA POR TRAMOS DE EDAD INTERMEDIOS (2011-2024)

Fuente: GEM Murcia APS 2024

El gráfico 3.2.3., centrado en los tramos de edad extremos, confirma el repunte del emprendimiento joven (18-24 años), que alcanza en 2024 el 6,2%, su valor más alto desde el inicio de la serie. Este ascenso contrasta con la evolución del grupo sénior (55-64 años), cuya participación emprendedora cae por segundo año consecutivo, situándose en el 1,9%, mínimo desde 2015. Esta divergencia apunta, por un lado, a una paulatina incorporación de los jóvenes al ecosistema emprendedor, y por otro, a una posible retirada del emprendimiento sénior, asociada a factores como la jubilación, el riesgo percibido o las condiciones de mercado.

El gráfico 3.2.4. presenta la distribución por edad de los emprendedores en etapa inicial (TEA) en función del género en 2024. En la franja más joven (18-34 años), los hombres representan un porcentaje ligeramente superior al de las mujeres (32,0% frente a 30,8%). En cambio, en el grupo de mayor edad (45-65 años), ocurre lo contrario: las mujeres superan levemente a los hombres (46,0% frente a 45,0%). Por su parte, en el tramo intermedio (34-44 años), se observa una distribución idéntica entre ambos géneros, con un 23,1% tanto para hombres como para mujeres. Estos resultados reflejan un equilibrio general de género en la participación emprendedora por tramos de edad. La distribución observada en 2024 en la Región de Murcia es muy similar a la registrada en 2023 y es también consistente con los datos a nivel nacional, lo que refuerza la hipótesis de una estructura de género estable en el emprendimiento inicial en función de la edad.

Gráfico 3.2.3
EVOLUCIÓN DEL ÍNDICE TEA POR TRAMOS DE EDAD EXTREMOS (2011-2024)

Fuente: GEM Murcia APS 2024

Gráfico 3.2.4
DISTRIBUCIÓN POR EDAD DE LOS EMPRENDEDORES EN ETAPA INICIAL (TEA) EN FUNCIÓN DEL SEXO

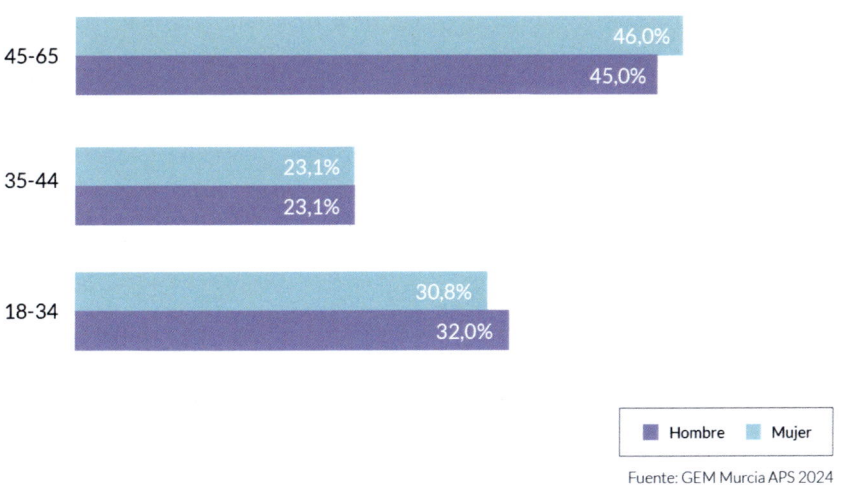

Fuente: GEM Murcia APS 2024

3.3 Educación

La Tabla 3.3.1 recoge la distribución del índice TEA en función del nivel educativo de los emprendedores en la Región de Murcia en 2024. Los datos muestran una clara correlación positiva entre el nivel de estudios y la participación en las distintas fases del proceso emprendedor. En el caso de las personas con estudios universitarios, el 13% declara intención de emprender en los próximos tres años, un 8% ya se encuentra inmerso en actividades emprendedoras iniciales (TEA) y un 7% está al frente de empresas consolidadas. Estos valores son superiores a los registrados en 2023, lo que refuerza la tendencia creciente del emprendimiento universitario.

Tabla 3.3.1
DISTRIBUCIÓN DEL ÍNDICE TEA EN FUNCIÓN DE LA EDUCACIÓN DE LOS EMPRENDEDORES

Educación		Emprendimiento potencial	TEA	Empresas consolidadas
Primaria	Total	6%	6%	4%
Secundaria	Total	9%	5%	5%
	Secundaria	7%	4%	5%
	FP Superior	11%	6%	6%
Universidad	Total	13%	8%	7%
	Grado	11%	5%	7%
	Máster	15%	11%	6%
	Doctorado	13%	8%	8%

Entre los titulados de máster, los porcentajes son aún más elevados: el 15% son emprendedores potenciales, el 11% están en fase TEA y el 6% lideran empresas consolidadas. En el caso del doctorado, se observa un 13% de emprendimiento potencial, un 8% en fase TEA y otro 8% en la etapa consolidada. Esta evolución sugiere una creciente implicación del capital humano altamente cualificado en el ecosistema emprendedor regional. Por el contrario, los niveles de emprendimiento asociados a la educación secundaria o primaria son más bajos. Así, quienes tienen estudios primarios presentan un 6% de intención emprendedora, un 6% en TEA y un 4% en empresas consolidadas. En secundaria, las cifras se sitúan en torno al 9% para el emprendimiento potencial, el 5% en fase TEA y el 5% en iniciativas consolidadas.

A nivel nacional, los datos de 2024 muestran una convergencia con la Región de Murcia en las etapas iniciales del proceso: el 13% de las personas con estudios universitarios manifiesta intención de emprender y el 8% ya lo está haciendo. Sin embargo, la proporción de universitarios al frente de empresas consolidadas es ligeramente superior en el conjunto del país (9%), lo que sugiere una mayor sostenibilidad del emprendimiento a medio y largo plazo. Esta diferencia también se observa en los niveles de máster y doctorado, donde la Región de Murcia presenta valores más bajos en la fase consolidada, apuntando a una brecha en la continuidad de los proyectos emprendedores de mayor cualificación.

La Tabla 3.3.2 presenta la distribución del índice TEA en función del nivel educativo y el género de los emprendedores en la Región de Murcia en 2024. Los datos reflejan diferencias de género relevantes, particularmente en los niveles superiores de educación. En el conjunto de estudios universitarios, los hombres presentan un mayor porcentaje que las mujeres en todas las fases del proceso emprendedor. Sin embargo, esta diferencia global se explica principalmente por el caso del doctorado, ya que no se identifican mujeres emprendedoras con este nivel educativo en ninguna de las fases (potencial, TEA ni consolidado), lo que acentúa la brecha de género en los niveles más altos de cualificación.

Tabla 3.3.2
DISTRIBUCIÓN DEL ÍNDICE TEA EN FUNCIÓN DE LA EDUCACIÓN Y EL SEXO DE LOS EMPRENDEDORES

Educación		Emprendimiento potencial		TEA		Empresas consolidadas	
		Mujeres	Hombres	Mujeres	Hombres	Mujeres	Hombres
Primaria	Total	5%	6%	5%	8%	2%	6%
Secundaria	Total	9%	10%	5%	5%	5%	5%
	Secundaria	7%	7%	5%	3%	6%	3%
	FP Superior	10%	12%	6%	6%	5%	7%
Universidad	Total	8%	16%	7%	8%	3%	10%
	Grado	10%	11%	8%	2%	8%	6%
	Máster	14%	16%	14%	7%	0%	12%
	Doctorado	0%	21%	0%	14%	0%	13%

Al analizar los niveles de grado y máster por separado, se observa un patrón más equilibrado. En emprendimiento potencial, los hombres superan ligeramente a las mujeres (11% frente a 10% en grado, y 16% frente a 14% en máster), mientras que en la fase TEA ocurre lo contrario: el porcentaje de mujeres con estudios de grado o máster que están emprendiendo actualmente es superior al de los hombres. Este cambio de dinámica respecto a 2023 sugiere una mayor activación reciente del emprendimiento femenino con formación universitaria.

En los niveles educativos más bajos, las diferencias de género son también reseñables. En el caso de estudios primarios, los hombres presentan porcentajes más altos que las mujeres tanto en el TEA (6% frente a 5%) como en la etapa consolidada (6% frente a 2%), rompiendo con la paridad observada en años anteriores. En la educación secundaria, las diferencias son menores, aunque se mantiene una ligera ventaja masculina en emprendimiento potencial y consolidado.

A nivel nacional, los datos de 2024 muestran una distribución por género más equilibrada. Las mujeres con estudios de máster o doctorado presentan tasas similares de TEA a las de los hombres, aunque estos tienden a tener una mayor presencia en la fase consolidada. En contraste, la Región de Murcia sigue mostrando una brecha más acusada en los niveles educativos superiores, especialmente por la ausencia de mujeres doctoradas en el ecosistema emprendedor regional, lo que representa un reto específico en términos de equidad y aprovechamiento del capital humano altamente cualificado.

De forma complementaria, el gráfico 3.3.1. recoge el nivel de formación específica de los emprendedores de la Región de Murcia en 2024, entendida como la capacitación relacionada directamente con la puesta en marcha de una empresa. Los datos reflejan que el nivel formativo predominante es el intermedio, tanto entre los emprendedores recientes (TEA), con un 29,2%, como entre los líderes de empresas consolidadas, con un 29,0%. En el caso de los emprendedores recientes (TEA), este patrón representa un retroceso respecto a 2023, cuando era mayoritaria la formación de nivel alto. Por el contrario, se observa una mejora significativa en el porcentaje de emprendedores que declaran contar con un nivel de formación avanzado, que pasa del 9,5% en 2023 al 16,4% en 2024. Esta evolución es aún más pronunciada entre quienes gestionan empresas consolidadas, donde el nivel avanzado pasa del 19,1% al 23,6%.

A pesar de estos avances, los datos regionales se sitúan por debajo de la media nacional. En 2024, el 43% de los emprendedores recientes y el 45% de los consolidados a nivel nacional afirman contar con un nivel alto o muy alto de conocimientos para emprender. Estas diferencias sugieren la necesidad de seguir reforzando las competencias emprendedoras en la Región de Murcia, especialmente en las etapas iniciales del proceso.

La Tabla 3.3.3 muestra el nivel de formación específica para emprender en la Región de Murcia en 2024, desagregado por género y por fase del proceso emprendedor. En el caso de los emprendedores recientes (TEA), se observa una clara diferencia por sexo: el 49% de las mujeres declaran tener un nivel de formación alto, frente al 25% de los hombres. Por el contrario, el nivel bajo predomina entre los hombres (43%), mientras que entre las mujeres se reduce al 25%. Estos datos sugieren una mayor preparación específica entre las mujeres emprendedoras en las fases iniciales del proceso. En cuanto a los emprendedores consolidados, el nivel alto sigue siendo el predominante para ambos géneros, con un 40% en los hombres y un 35% en las mujeres. Sin embargo, las mujeres presentan una distribución más equilibrada entre los tres niveles de formación, mientras que en los hombres se observa una concentración mayor en los extremos (alto y bajo), con una menor proporción en el nivel medio.

Gráfico 3.3.1
NIVEL DE FORMACIÓN ESPECÍFICA DE LOS EMPRENDEDORES

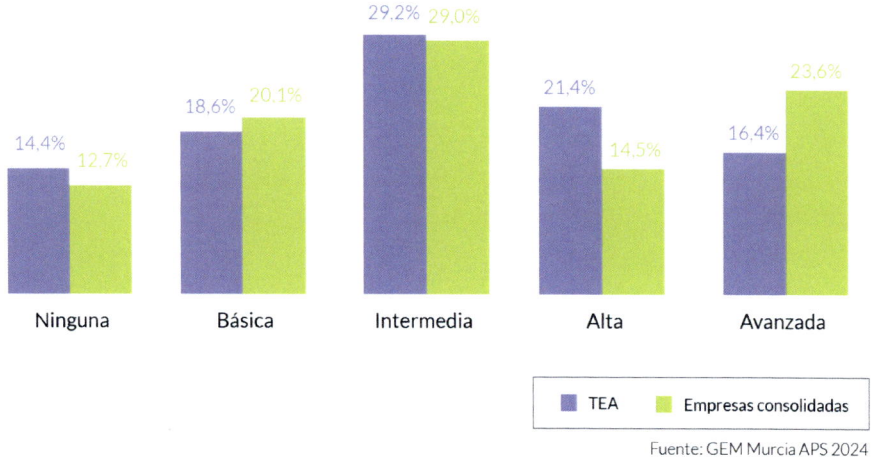

	Ninguna	Básica	Intermedia	Alta	Avanzada
TEA	14,4%	18,6%	29,2%	21,4%	16,4%
Empresas consolidadas	12,7%	20,1%	29,0%	14,5%	23,6%

Fuente: GEM Murcia APS 2024

En comparación con 2023, los datos de 2024 indican una mejora general en el nivel de formación específica, especialmente entre los hombres, donde disminuye la proporción de nivel bajo en emprendedores consolidados. Así, se corrige la tendencia negativa observada el año anterior y se refuerza la importancia de la formación como factor de continuidad y éxito en el emprendimiento, especialmente en el caso femenino.

Tabla 3.3.3
NIVEL DE FORMACIÓN ESPECÍFICA PARA EMPRENDER POR SEXO

	TEA		Empresas consolidadas	
	Mujeres	Hombres	Mujeres	Hombres
Nivel alto	49%	25%	35%	40%
Nivel Medio	27%	32%	35%	26%
Nivel Bajo	25%	43%	30%	34%

Fuente: GEM Murcia APS 2024

En resumen, los datos correspondientes a 2024 confirman que la Región de Murcia continúa incorporando de forma relativamente tardía a las personas al proceso emprendedor, con una mayor concentración en los grupos de edad entre los 35 y los 54 años. El reparto por género se mantiene equilibrado en los distintos tramos de edad, aunque destacan las mujeres emprendedoras recientes (TEA) por su mayor nivel de formación específica, especialmente en titulaciones de grado y máster. Sin embargo, se constata la ausencia de mujeres con estudios de doctorado en todas las fases del proceso emprendedor, lo que refleja una persistente desigualdad de género en los niveles más altos de cualificación académica. Por otro lado, la formación universitaria sigue siendo un factor relevante para la actividad emprendedora, aunque la Región de Murcia presenta tasas inferiores a la media nacional en la fase consolidada, lo que apunta a desafíos en la sostenibilidad de los proyectos a medio y largo plazo.

CAPÍTULO 4
CARACTERÍSTICAS DE LAS INICIATIVAS EMPRENDEDORAS

Capítulo 4. Características de las iniciativas emprendedoras

4.1 Nivel de renta de los emprendedores y fuentes de financiación

El gráfico 4.1.1. muestra la evolución del índice TEA en la Región de Murcia según nivel de renta de la población durante el periodo 2011–2024. A diferencia de lo ocurrido en 2023, en el año 2024 se observa un incremento significativo del emprendimiento en los tramos inferior y medio de renta, que alcanzan ambos un 7,5% de la población adulta. Esta evolución contrasta con la tendencia del grupo de renta superior, que desciende del 8,8% al 5,6%, rompiendo así la pauta ascendente registrada el año anterior. La inversión de esta tendencia sugiere una mayor implicación de los segmentos medios y bajos de renta en el proceso emprendedor, posiblemente vinculada a factores como la búsqueda de oportunidades de autoempleo, la necesidad de ingresos complementarios o un entorno más favorable para el emprendimiento de base social y local.

En comparación con la media nacional, la Región de Murcia presenta en 2024 una diferencia significativa en el tramo de renta superior, donde el índice TEA a nivel nacional alcanza el 9,3%, frente al 5,6% regional. Por el contrario, las tasas de los grupos de renta inferior y media se sitúan más próximas a los valores nacionales, lo que sugiere una estructura del emprendimiento más polarizada en el conjunto del país que en el contexto murciano.

Gráfico 4.1.1
EVOLUCIÓN DEL ÍNDICE TEA POR NIVEL DE RENTA (2011-2024)

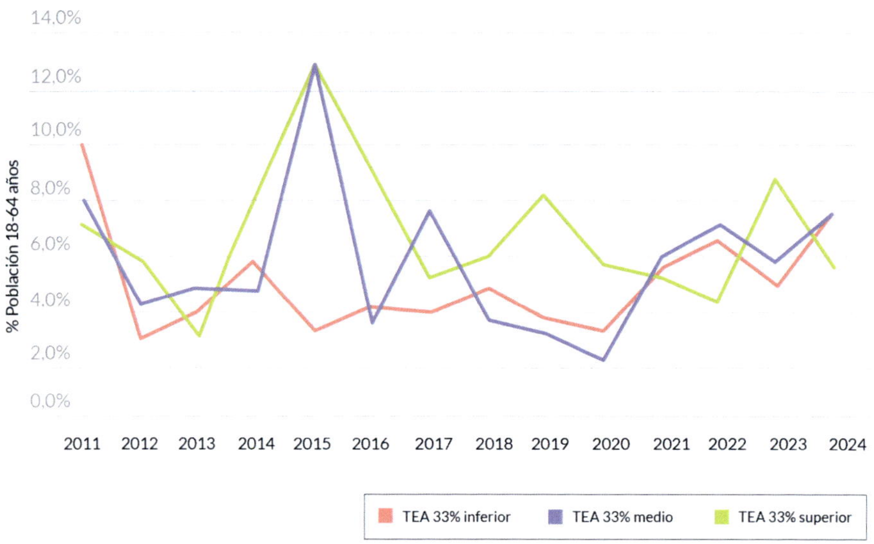

Fuente: GEM Murcia APS 2024

Para concluir, la Región de Murcia mantiene una incorporación relativamente tardía al proceso emprendedor, con mayor concentración de iniciadores entre 35 y 54 años, un patrón alineado con la media nacional.

El emprendimiento reciente entre jóvenes de 18 a 24 años registra un leve repunte en 2024, aunque continúa siendo un colectivo minoritario dentro del ecosistema regional.

Los niveles de formación universitaria y de capacitación específica para emprender son, en promedio, inferiores a los del conjunto de España, especialmente en las fases más avanzadas del proceso, donde operan las empresas consolidadas.

Se observa equilibrio de género por edad y nivel educativo, sin embargo, persisten brechas en los niveles más altos de cualificación, con ausencia de mujeres con estudios de doctorado en todas las fases del emprendimiento. El perfil de los emprendedores consolidados refleja mayor madurez y experiencia, pero también una menor presencia femenina altamente cualificada respecto a la media nacional, lo que plantea retos de equidad y de aprovechamiento del capital humano en la región.

FINANCIACIÓN

Para hablar del proceso de financiación de la actividad emprendedora en la Región de Murcia durante 2024, es necesario analizar la cuantía que los emprendedores murcianos han necesitado para poner en marcha y desarrollar sus proyectos nacientes, así como posibles diferencias entre los proyectos liderados por hombres y aquellos liderados por mujeres. Asimismo, la procedencia de dichos fondos es de especial interés, además de la comparativa con años anteriores de las cifras financieras más importantes y posibles diferencias, o no, con el conjunto de España en 2024.

En primer lugar, la tabla 4.1.1. muestra las principales cifras que se obtienen del análisis del capital semilla requerido para la puesta en marcha y desarrollo de los proyectos nacientes en la Región de Murcia en 2024. El capital promedio que los emprendedores en la Región de Murcia en 2024 han necesitado asciende a 70.858€, cifra que desciende ligeramente con respecto a los 84.479€ de 2023 y 80.144€ de 2022. Entrando en el detalle de la tabla 4.1.1, la mitad de las iniciativas emprendedoras murcianas arrancaron en 2024 con menos de 18.000€; de nuevo, cifra inferior a los 30.000€ de 2023, aunque en línea con los 15.000€ para el conjunto de España en 2024. El valor del capital semilla más frecuente asciende a 3.000€, lo que coincide exactamente con la cifra para las iniciativas emprendedoras del conjunto de España y para la Región de Murcia en 2023.

Tabla 4.1.1
CAPITAL SEMILLA REQUERIDO PARA LA PUESTA EN MARCHA Y DESARROLLO DE PROYECTOS NACIENTES EN LA REGIÓN DE MURCIA EN 2024

	Capital semilla necesario por lo proyectos nacientes (€)
Las personas emprendedoras necesitaron en promedio...	70.858€
La mitad de las empresas están por debajo de...	18.000€
El valor más frecuente es...	3.000€
El valor mínimo es...	1.000€
El valor máximo es...	1.000.000€
Porcentaje de empresas con capital semilla requerido < 3.000€	21,5%
3.001€ - 9.000€	13,9%
9.001€ - 30.000€	**32,2%**
30.001€ - 100.000€	16,9%
100.001€ - 300.000€	9,2%
> 300.001€	6,2%

Fuente: GEM Murcia APS 2024

Durante el año 2024, casi un tercio de las iniciativas han requerido un capital semilla de entre 9.001€ y 30.000€. El porcentaje de las iniciativas más humildes, financieramente hablando, de menos de 3.000€, aumenta de un 13,3% en 2023 a un 21,5% en 2024, dando señales de falta de capacidad de los emprendedores para conseguir inversores que respalden sus proyectos, tal y como sucede para el conjunto de España (17% de las iniciativas emprendedoras). Solo el 15% de los nuevos proyectos necesitaron más de 100.001€, lo que coincide con el conjunto de España, pero desciende en 7 puntos porcentuales con respecto al análisis de la Región de Murcia en 2023. Todos estos datos reflejan una menor necesidad de financiación de las iniciativas emprendedoras de la Región de Murcia en 2024 en comparación con años anteriores, pero situándose en cifras muy similares a las mostradas para el conjunto de España.

De forma similar al conjunto de España y a la Región de Murcia en años anteriores, las iniciativas emprendedoras de las mujeres siguen estando menos capitalizadas que las de los hombres. En particular, en la tabla 4.1.2 se observa que los nuevos proyectos liderados por mujeres en la Región de Murcia en 2024 han requerido, en promedio, 17.770€, frente a los más de

100.000€ del capital semilla de los emprendedores hombres. El 87,6% de las iniciativas de mujeres necesitaron menos de 30.000€ (62,6% en 2023), frente al 56,1% de aquellas lideradas por hombres (51,7% en 2023). Para el conjunto de España se observan las mismas diferencias por razón de género, alcanzando un 76% y 58% las iniciativas con menos de 30.000€ para mujeres y hombres, respectivamente. Asimismo, la tabla 4.1.2 muestra que el porcentaje de proyectos con una necesidad de financiación mayor a 100.001€ es de 24,4% en el caso de los hombres y no existen iniciativas lideradas por mujeres con dicho nivel de capitalización. El valor más frecuente (3.000€ para mujeres y 50.000€ para hombres), así como el valor que marca la capitalización de la mitad de las empresas (10.000€ para mujeres y 25.000€ para hombres), continúa evidenciando que el perfil de las iniciativas cambia en función del sexo del emprendedor.

Tabla 4.1.2
CAPITAL SEMILLA REQUERIDO ENTRE MUJERES Y HOMBRES PARA LA PUESTA EN MARCHA Y DESARROLLO DE PROYECTOS NACIENTES EN LA REGIÓN DE MURCIA EN 2024

		Capital semilla mujeres	Capital semilla hombres
Necesitaron en promedio...		17.770€	101.934€
La mitad de las empresas están por debajo de...		10.000€	25.000€
El valor más frecuente es...		3.000€	50.000€
El valor mínimo es...		1.000€	1.000€
El valor máximo es...		90.000 €	1.000.000€
Porcentaje de empresas con capital semilla requerido	< 3.000€	29,2%	17,1%
	3.001€ - 9.000€	16,7%	12,2%
	9.001€ - 30.000€	**41,7%**	**26,8%**
	30.001€ - 100.000€	12,5%	19,5%
	100.001€ - 300.000€	0,0%	14,6%
	> 300.001€	0,0%	9,8%

Fuente: GEM Murcia APS 2024

La procedencia del capital semilla de las iniciativas emprendedoras de la Región de Murcia en 2024 se muestra en el gráfico 4.1.2. Los ahorros personales siguen siendo la principal fuente de financiación utilizada por los propios emprendedores para poner en marcha sus proyectos en la Región de Murcia en

2024. En concreto, más de la mitad del capital de arranque de los proyectos nacientes (52,83%) procede por término medio de los ahorros personales, como ocurre para el conjunto de España (65%) y como ocurría en la Región de Murcia en 2023 (55,67%). Sin embargo, mientras que tradicionalmente el segundo y tercer puesto como fuente de financiación más utilizada lo ocupaban las instituciones financieras y la financiación de los familiares de los emprendedores, en 2024 el orden se invierte, aunque con una diferencia de poco más de un punto porcentual: de las ayudas de familiares procede el 15,05% (8% para el conjunto de España) y los préstamos concedidos por bancos e instituciones financieras alcanzan el 13,48% (13% para el conjunto de España). Por tanto, la financiación tradicional bancaria ha continuado bajando su proporción con una diferencia de más de 15 puntos porcentuales con respecto al dato para la Región de Murcia en 2023, que se situaba en un 29,22% (20,34% y 21,08% en 2022 y 2021, respectivamente). Por tanto, se podría afirmar que la menor necesidad de financiación de las iniciativas emprendedoras de la Región de Murcia en 2024 está en línea con un menor peso de la financiación procedente de bancos e instituciones financieras, haciendo uso de forma mayoritaria de los ahorros personales y de las ayudas de familiares.

Gráfico 4.1.2
DISTRIBUCIÓN PROMEDIO DE LAS FUENTES DEL CAPITAL SEMILLA

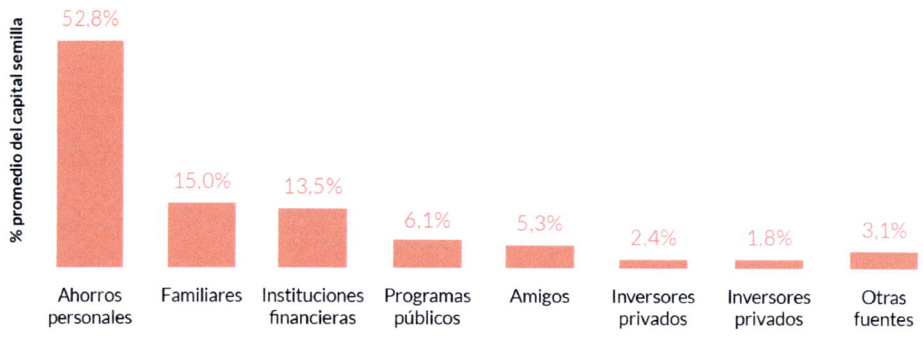

Fuente: GEM Murcia APS 2024

Finalmente, el capital procedente de subvenciones públicas (6,11%), ayudas de amigos (5,31%) y otras fuentes de financiación se mantiene como fuentes residuales. La financiación procedente de subvenciones, aunque residual, continúa el crecimiento mostrado en años anteriores. En particular, el 6% de la financiación requerida entre la población emprendedora murciana en 2024 se obtuvo a través de programas públicos, ligeramente superior al 4% de 2023 y 1,36% mostrado en 2022, y superando en un punto porcentual al dato para el conjunto de España. Este año existen iniciativas que se han apoyado en mecanismos colaborativos de financiación de proyectos desarrollados sobre la base de las nuevas tecnologías, como el crowdfunding, con una cifra de aproximadamente el 1,77% de la financiación requerida (0% en 2023 y 4% en 2022), siendo este porcentaje del 1% para el conjunto de España. Asimismo, el 2,38% de la financiación requerida entre la población emprendedora se obtuvo a través de inversores privados, similar al 2,33% de 2023 y al 2% para el conjunto de España en 2024.

En definitiva, en lo relativo a la financiación de los nuevos proyectos en la Región de Murcia en 2024, cabe concluir que la población emprendedora ha demandado en promedio menos capital semilla para la puesta en marcha de sus negocios nacientes en comparación con 2023. Del análisis de los datos extraídos, destaca una menor envergadura de las iniciativas empresariales murcianas en 2024. Asimismo, y como ocurre para el conjunto de España, las iniciativas emprendedoras lideradas por hombres están más capitalizadas que las de las mujeres. Y, por último, los ahorros personales se afianzan como principal fuente de financiación, seguido de las ayudas de familiares. La menor necesidad de financiación mostrada anteriormente ha ido acompañada de un descenso de la financiación procedente de bancos e instituciones financieras, que tradicionalmente ocupaban el segundo puesto. En 2024, los ahorros procedentes de los familiares de los emprendedores ha sido la segunda fuente de financiación más utilizada por la población emprendedora murciana.

Por lo tanto, en 2024 el capital semilla medio requerido por las iniciativas emprendedoras en la Región de Murcia fue de 70.858 €, por debajo de 2023 y 2022. La mitad de los nuevos proyectos necesitó menos de 18.000 €, con un valor más frecuente de 3.000 €, lo que confirma una menor envergadura de las necesidades de financiación en la fase de arranque.

El perfil financiero presenta diferencias por género. Los proyectos liderados por mujeres muestran menor capitalización que los liderados por hombres, una brecha consistente con la observada en España y con la registrada en la propia región en años previos.

Los ahorros personales se consolidan como la principal fuente de financiación. Aportan, por término medio, el 52,83% del capital de los proyectos nacientes, frente al 65% del conjunto de España y al 55,67% observado en Murcia en 2023. Las ayudas de familiares pasan a la segunda posición.
La financiación bancaria desciende a la tercera fuente. Su peso en el capital semilla se reduce al 13,48%, más de 15 puntos por debajo del 29,22% de 2023, y también por debajo de 2022, 20,34%, y 2021, 21,08%. Los mecanismos colaborativos basados en nuevas tecnologías, como el crowdfunding, se utilizan en torno al 2% de las iniciativas.

Más allá de ahorros personales, apoyo familiar y financiación bancaria, el recurso a otras fuentes continúa siendo residual. Este patrón sugiere un ecosistema de arranque ligero, muy dependiente del ahorro propio, con espacio para diversificar instrumentos y mejorar el acceso a financiación externa, especialmente para proyectos con liderazgo femenino.

4.2 Sector de actividad

En el año 2010, un 8,3% de la actividad económica desarrollada por las nuevas empresas se concentraba en el sector extractivo y un 0% en el sector de transformación. En el otro extremo, un 66,7% de la actividad de las nuevas empresas estaba representada por el sector de consumo y un 25% por el sector de servicios a empresas. En 2024 estas cifras han pasado a ser de un 1,6% en el sector extractivo, algo más de un 10% en el sector de transformación (que sigue la tendencia a la baja), un 24,9% en el sector de servicios a empresas (que también disminuye) y un 63,2% en el sector del comercio y consumo final (que aumenta este último año en 11 puntos). En consecuencia, durante este periodo 2024 ha aumentado el peso del sector comercio y consumo final, mientras que el resto de los sectores ha experimentado un descenso general, en mayor medida en el sector servicios a empresas.

Por tanto, este año 2024 en las nuevas iniciativas emprendedoras, se aprecia un descenso en las actividades de transformación (sector secundario) que desciende su porcentaje en casi 3 puntos (del 13,3 al 10,2). Se observa también un descenso en el sector servicios de 6 puntos (del 30,9 al 24,9) y en el sector extractivo que baja 2 puntos. En contraste y de forma diferente, las iniciativas emprendedoras han aumentado en el sector comercio y consumo final (del 52,2 al 63,2), cambiando la tendencia de los últimos años.

Este año, el porcentaje de nuevos negocios en el sector transformador sigue descendiendo, un 22% con respecto al 2023. El sector servicios sigue también tendencia a la baja, con un descenso de algo más del 19% con respecto al 2023 y de igual forma, sigue descendiendo el extractivo, que reduce su presencia en un 55% con respecto al año 2023. Por su parte, el sector comercio y consumo final se incrementa en algo más del 21% con respecto al año 2023, con datos similares al 2013 (gráfico 4.2.1).

Gráfico 4.2.1
EVOLUCIÓN DE INICIATIVAS EMPRENDEDORAS (TEA) POR SECTOR DE ACTIVIDAD (2011 – 2024)

Fuente: GEM Murcia APS 2024

En 2024, estos datos se aproximan bastante a los datos a nivel nacional, donde la actividad económica desarrollada por las nuevas empresas en 2024 sube 2 puntos en el sector comercio y consumo final (50%) y baja 3 puntos en el sector de servicios a empresas (31%). Cabría destacar, que la Región de Murcia en 2024, como se ha comentado anteriormente, presenta una tendencia similar, ya que las nuevas iniciativas se concentran en estos sectores, pero con crecimientos mayores, en el sector comercio y consumo, que crece 11 puntos. En el sector servicios, el descenso es mayor en la Región de Murcia (6 puntos frente a 3 a nivel nacional). Por el contrario, en la Región de Murcia, los sectores transformador y extractivo disminuyen, mientras que, a nivel nacional, el sector transformador se mantiene y el extractivo sube 1 punto.

Por su parte, hay que señalar que en 2024 el porcentaje de nuevas empresas consolidadas se concentran en un 70,3% en consumo y servicios (gráfico 4.2.2.). Más en detalle, los porcentajes en los sectores de consumo y transformador han sido del 36,9% y del 33,4% respectivamente, valores algo inferiores a las cifras de 2023, que entonces llegaban a ser 40,8% y 35,8% respectivamente, lo que sigue evidenciando el mayor peso de estos subsectores en los negocios consolidados. El sector extractivo prácticamente se mantiene igual (pues apenas sube un 0,7%, del 4,9% al 5,6%). Por el contrario, un 24% de los negocios consolidados se concentra en el sector transformador, frente al 18,5% en 2023. A nivel nacional, el comportamiento de los negocios consolidados es similar y se concentra en un 78% en los sectores de consumo y servicios a empresas. Por su parte, el sector transformador en Murcia sube casi 6 puntos y el extractivo 0,7 puntos, mientras que, a nivel nacional, el extractivo también sube (1 punto) y el transformador baja 2 puntos.

Gráfico 4.2.2
EVOLUCIÓN DE INICIATIVAS CONSOLIDADAS POR SECTOR DE ACTIVIDAD (2011 – 2024)

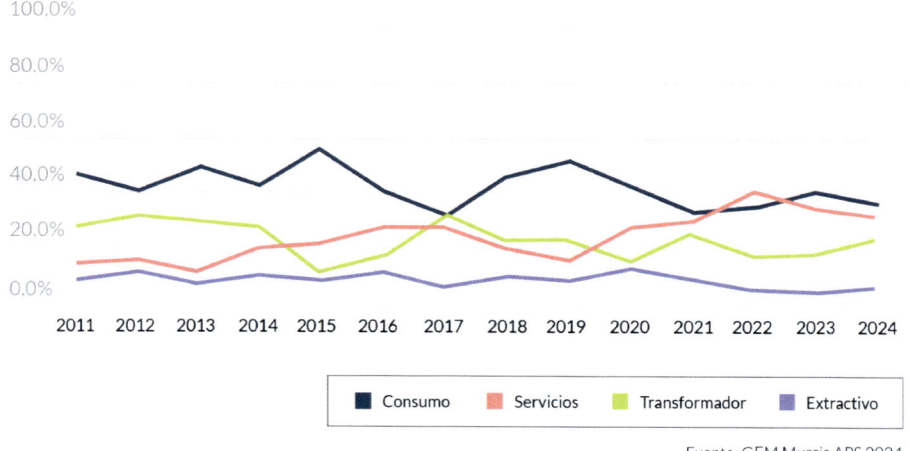

Fuente: GEM Murcia APS 2024

Con relación al análisis de género de la actividad económica desarrollada por las nuevas empresas, como se refleja en la tabla 4.2.1., el sector servicios al consumidor (62% frente al 64,7% de las iniciativas) parece mostrar un cambio de tendencia, equilibrando la presencia de género y el extractivo (3% frente al 0%) sigue mostrando una mayor presencia del género femenino. Por su parte, el sector servicios a empresas (25,1% frente al 24,7% de las iniciativas emprendedoras) parece querer mostrar un cambio de tendencia y el sector transformador (9,9% frente al 10,6%) parece equilibrarse en el protagonismo de género. A nivel nacional, el informe sigue mostrando una mayor presencia de la mujer en las iniciativas TEA en el sector de servicios al consumidor (60% frente al 42%) y una menor presencia en las nuevas empresas en los servicios a empresas (que baja 10 puntos), mientras que en el sector transformador se aprecia una subida de 2 puntos.

Tabla 4.2.1
DISTRIBUCIÓN DE EMPRENDEDORES POR EL SECTOR DE ACTIVIDAD POR SEXO

Sector	Mujer 2022	Mujer 2023	Mujer 2024	Hombre 2022	Hombre 2023	Hombre 2024
Servicios al consumidor	52,2%	57,5%	62,0%	40,7%	48,5%	64,7%
Servicios a empresas	13,0%	29,9%	25,1%	22,2%	31,6%	24,7%
Transformador	30,4%	8,0%	9,9%	29,6%	17,0%	10,6%
Extractivo	4,3%	4,5%	3,0%	7,4%	2,9%	0,0%

Fuente: GEM Murcia APS 2024

4.3 Tamaño

En el conjunto de las iniciativas en fase emprendedora de la Región de Murcia (gráfico 4.3.1.), en el año 2010 el porcentaje de negocios sin empleados más allá del propio emprendedor era de un 42,9% frente a un porcentaje del 52% en 2023 y el 36,4% en el año 2024, lo que indica que el porcentaje de negocios de autoempleo ha descendido un 15,6% durante el último año. En España, en 2024 hay un 51% de iniciativas en fase inicial sin empleados, con lo que el dato de la Región de Murcia es diferente y ha cambiado bastante a la baja en este colectivo de empresas.

El porcentaje de nuevos negocios recientes que cuentan con hasta 5 traba-jadores se sitúa en el 48,4%, casi 5 puntos por encima de 2023 y a diferencia del año pasado, 10 puntos por encima del dato nacional. Con relación a las iniciativas de más de cinco empleados, que partían de 0% en 2010, ha au-mentado de forma importante del 2,5% al 9,1% (un 6,6% de incremento en el último año 2024), habiendo roto el cambio decreciente del último año. Esta cifra de la Región de Murcia es superior a la nacional, donde el porcen-taje de nuevas actividades emprendedoras con más de 5 empleados pasa del 8% al 7% de 2023 a 2024.

En 2024, los negocios con más de 20 empleados aumentan su presencia (del 2,5% al 6%), lo que cambia la tendencia decreciente de los últimos tres años. Esto nos lleva a concluir que los nuevos negocios siguen siendo, en general, de tamaño muy limitado en cuanto a la generación de empleo, estando el número de empleos generados en la horquilla de entre 1 y 5 empleados. El porcentaje a nivel nacional en las nuevas empresas (TEA) con más de 20 em-pleados ha pasado del 2% en 2022 al 5% en 2024.

Gráfico 4.3.1
EVOLUCIÓN DEL TAMAÑO DE LAS INICIATIVAS EMPRENDEDORAS (TEA) (2011 – 2024)

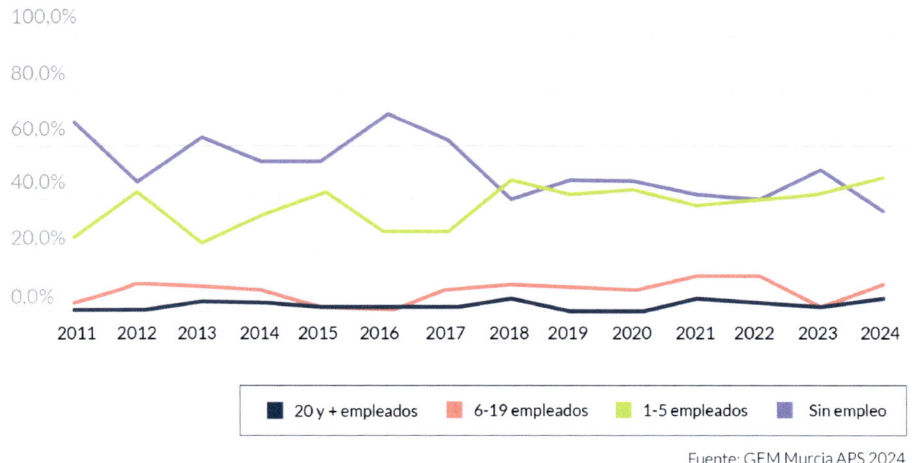

Fuente: GEM Murcia APS 2024

En cuanto a las iniciativas consolidadas (gráfico 4.3.2.), en la Región de Murcia en 2024, el porcentaje de ellas que no generan más empleo que el de sus propietarios se sitúa en un 50,1% frente al 53,6% del 2023. A nivel de España, la tendencia es similar y se mantiene en torno al 51% en 2023 y 2024. Por su parte, el porcentaje de actividades con entre 1 y 5 empleados este año 2024 ha aumentado de un 30,1% en 2023 a un 32% en 2024. A nivel nacional, la tendencia es la contraria y ha disminuido en 3 puntos, de un 36% a un 33% en 2024. El porcentaje de negocios en el tramo de 6-19 empleados también ha experimentado un incremento en la Región de Murcia, del 13,6% al 16,2% en 2024, situándose por encima del nivel de España (9%). En lo que se refiere a actividades de 20 o más empleados, el porcentaje de los negocios consolidados también disminuye, pasando de un 2,7% a un 1,8% en 2024, situándose por debajo del nivel nacional que crece del 2% hasta el 7%.

Gráfico 4.3.2
EVOLUCIÓN DEL TAMAÑO DE LAS INICIATIVAS CONSOLIDADAS (2011 – 2024)

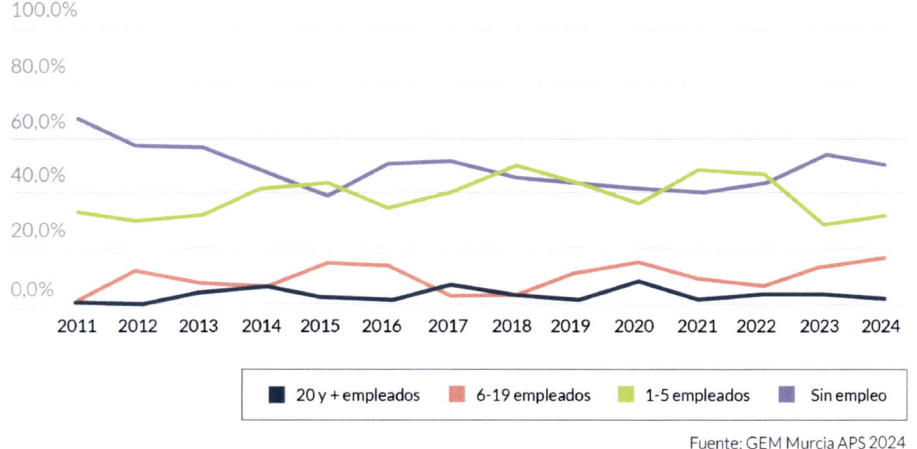

Fuente: GEM Murcia APS 2024

A la hora de analizar las iniciativas emprendedoras y su relación con la contratación desde una perspectiva de género (gráfico 4.3.3.), en la Región de Murcia, las mujeres siguen siendo más proclives a emprender sin contratación (45% frente al 23,1%). Sin embargo, para el caso de las iniciativas emprendedoras donde se contrata entre 1-5 empleados, la presencia del género masculino es superior (53,9% frente al 44,9%), lo que supone un cambio de tendencia. A la hora de contratar entre 6-19 trabajadores, el porcentaje es también menor en el perfil femenino (5,1% frente a 15,2%). En el caso de las iniciativas emprendedoras con contrataciones superiores a 20 empleados, el perfil se iguala bastante, aunque es superior el masculino (7,7% frente al 5%).

En las iniciativas consolidadas (gráfico 4.3.4.), en 2024 se aprecia un leve cambio de tendencia con respecto al año pasado y las mujeres son algo más proclives a contratar entre 1-5 empleados (37,8% de mujeres frente al 28,5% de hombres). En la franja de 6 a 19 empleados, en 2024 se aprecia una disminución de la tendencia de las mujeres (4,9% frente al 22,9% de los hombres), lo que contrasta con los datos del año 2021, donde el porcentaje era similar en ambos casos (9,1%). En resumen, tanto en la Región de Murcia, como a nivel nacional, la mayoría de las iniciativas emprendedoras son microempresas, tanto en los primeros años del proceso emprendedor como en la fase de consolidación. Las mujeres son ligeramente más conservadoras que los hombres a la hora de contratar empleados.

El estudio GEM también profundiza en el análisis de las actividades emprendedoras de la Región de Murcia con respecto al sector y al número de empleados. Para el caso de las iniciativas recientes las iniciativas emprendedoras sin trabajadores 1 de cada 2 se desarrollan en sectores de consumo y servicios, mientras que las iniciativas con contrataciones entre 1-5 empleados se desarrollan principalmente en el sector transformador. Por su parte, en el gráfico 4.3.5. se aprecia que las iniciativas consolidadas siguen apostando por muy bajos niveles de contratación, sobre todo en los sectores de servicios a empresas (61,1%) y el extractivo (67,2%).

Gráfico 4.3.3
EVOLUCIÓN DEL TAMAÑO DE LAS INICIATIVAS RECIENTES (TEA) SEGÚN EL SEXO

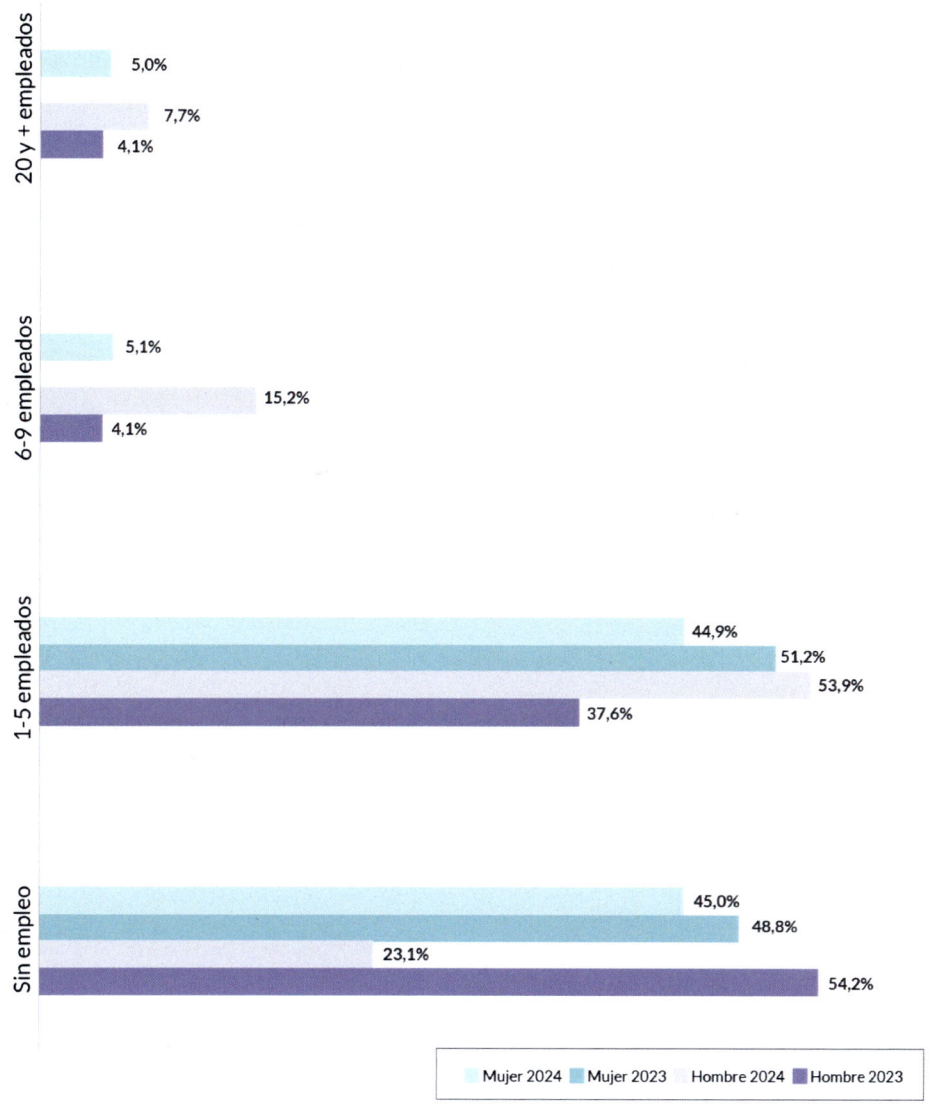

Fuente: GEM Murcia APS 2024

Gráfico 4.3.4
EVOLUCIÓN DEL TAMAÑO DE LAS INICIATIVAS CONSOLIDADAS SEGÚN EL SEXO

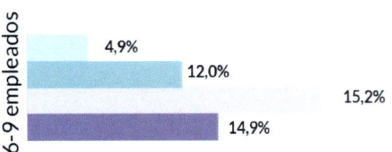

20 y + empleados

- 2,8%
- 5,0%

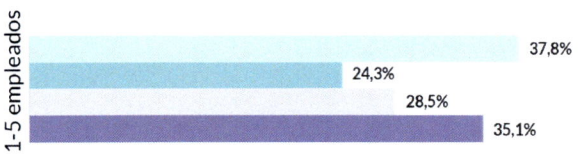

6-9 empleados

- 4,9%
- 12,0%
- 15,2%
- 14,9%

1-5 empleados

- 37,8%
- 24,3%
- 28,5%
- 35,1%

Sin empleo

- 57,3%
- 63,7%
- 45,7%
- 45,0%

0,0%

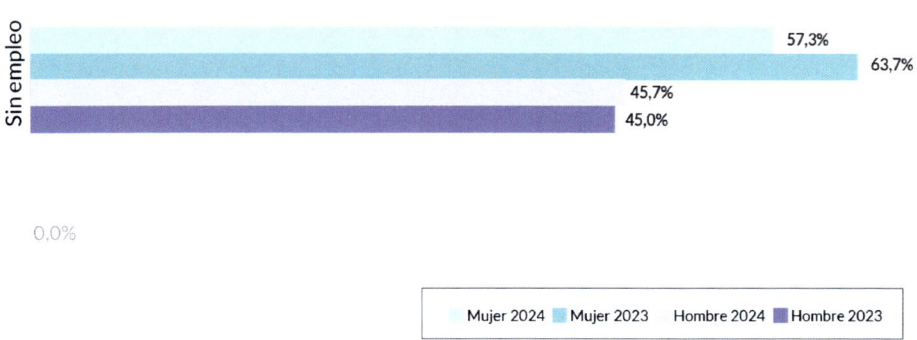

Mujer 2024 | Mujer 2023 | Hombre 2024 | Hombre 2023

Gráfico 4.3.5
TAMAÑO DE LAS INICIATIVAS CONSOLIDADAS EN FUNCIÓN DEL SECTOR

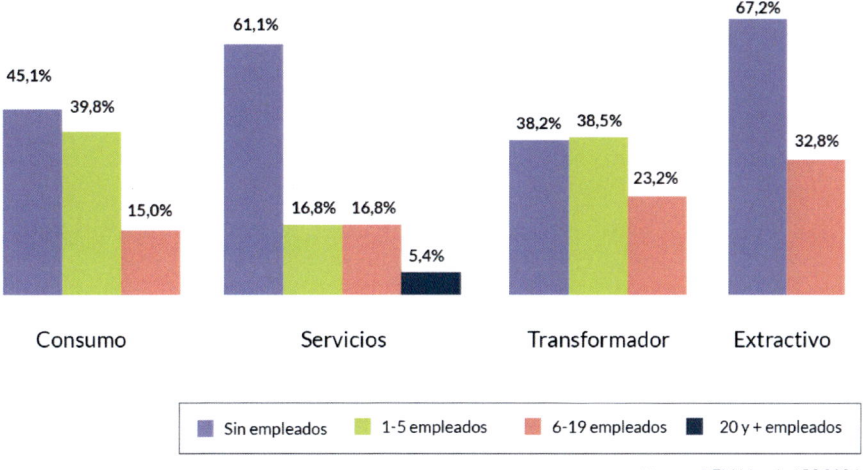

Fuente: GEM Murcia APS 2024

El estudio GEM profundiza en las características del empleo y consulta a los emprendedores cuál fue el número de puestos de trabajo generados en los últimos doce meses, y si estos empleos daban lugar a contratos indefinidos y a tiempo completo.

El gráfico 4.3.6. muestra el porcentaje de empleo a tiempo completo o indefinido generado por las iniciativas emprendedoras. En la Región de Murcia en 2024 se observa una tendencia diferente y no ascendente en las contrataciones a tiempo completo (del 86% al 78%), mientras que a nivel nacional la tendencia es al alza. Para el caso de las contrataciones indefinidas, la tendencia en este año 2024 es similar y tendente a la baja (del 73% al 69%) y difiere también de la tendencia a nivel nacional, que también sube (del 65% al 72%).

Gráfico 4.3.6
CONTRATACIONES INDEFINIDAS DE LAS INICIATIVAS EMPRENDEDORAS EN LOS ÚLTIMOS 12 MESES

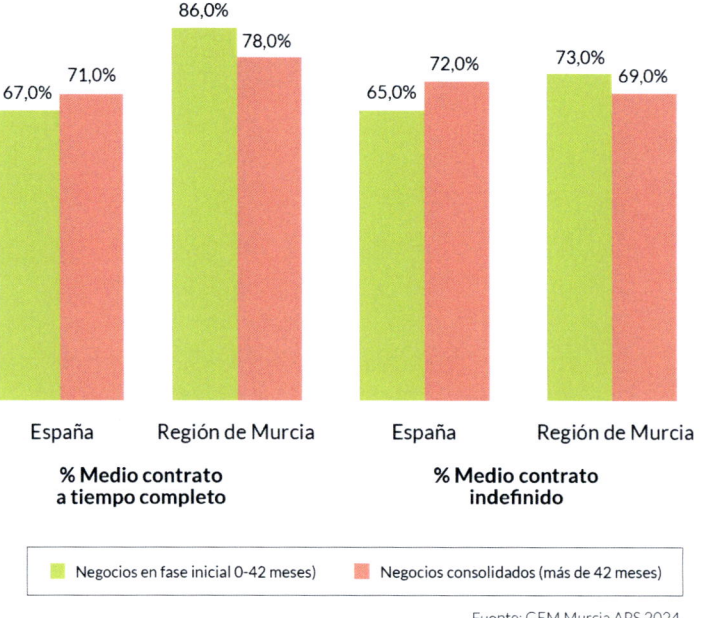

Fuente: GEM Murcia APS 2024

A modo de resumen, la evidencia de 2024 confirma la concentración del emprendimiento, tanto reciente como consolidado, en el sector terciario, con comercio, consumo final y servicios a empresas como ejes principales. En términos de género se aprecia un patrón similar al del país, con mayor equilibrio en servicios al consumidor y un retroceso de la presencia femenina en el transformador. En tamaño, Murcia reduce con fuerza las iniciativas sin empleados mientras en España ese colectivo apenas aumenta; ganan peso las plantillas de uno a cinco trabajadores, especialmente entre mujeres, aunque el tejido sigue siendo mayoritariamente de microempresas y ellas mantienen una pauta de mayor prudencia al contratar. Por sectores y contratación, en las iniciativas recientes predomina el formato de uno a cinco empleados en consumo y transformador, mientras que en las consolidadas persiste una contratación nula o muy baja, sobre todo en servicios a empresas y en el extractivo. Tras varios años al alza, en 2024 se observan signos de descenso en la contratación indefinida y a tiempo completo en las empresas consolidadas.

4.4. Expectativas de crecimiento

Los datos correspondientes a 2024 confirman una tendencia descendente en las expectativas de generación de empleo en la Región de Murcia, que se refleja también en el informe nacional. Esta evolución afecta por igual a los emprendedores recientes (TEA) y a las empresas consolidadas, y marca un punto de inflexión tras varios años de mejora progresiva en las aspiraciones de crecimiento (gráfico 4.4.1.).

En el caso regional, tras un periodo de recuperación en el que se incrementó el porcentaje de emprendedores con intención de crear empleo —especialmente en los tramos intermedios de contratación—, 2024 representa un retroceso en prácticamente todos los indicadores. Las iniciativas TEA muestran ahora una menor ambición que en los dos años anteriores, con un claro repunte de las personas emprendedoras que no prevén contratar, y una reducción en los tramos de seis o más empleados.

Un patrón similar se observa entre las empresas consolidadas, que en 2022 alcanzaron máximos de optimismo, pero en los dos últimos ejercicios han moderado sustancialmente sus expectativas.

Esta evolución parece responder a un cambio de clima, en el que la incertidumbre económica, la moderación del consumo y las tensiones en los costes operativos están llevando a los emprendedores a adoptar actitudes más conservadoras. Pese a ello, tanto en Murcia como en el conjunto del país, se mantienen núcleos de iniciativas con potencial de crecimiento elevado, lo que indica que no se trata de un colapso general del emprendimiento, sino más bien de una ralentización de las expectativas que podría revertirse si mejoran las condiciones del entorno y se refuerzan los estímulos adecuados.

Las diferencias en las expectativas de creación de empleo por sexo en la Región de Murcia se acentúan en 2024 respecto a la media nacional. Mientras que en el conjunto de España se observa una mayor convergencia entre hombres y mujeres en las expectativas de generación de empleo, en la región los comportamientos son divergentes. Sin embargo, es importante destacar que tanto los hombres como las mujeres emprendedoras de la Región presentan una mayor propensión a crear empleo que sus homólogos a nivel nacional.

Gráfico 4.4.1

EXPECTATIVAS DE CREACIÓN DE EMPLEO EN 5 AÑOS

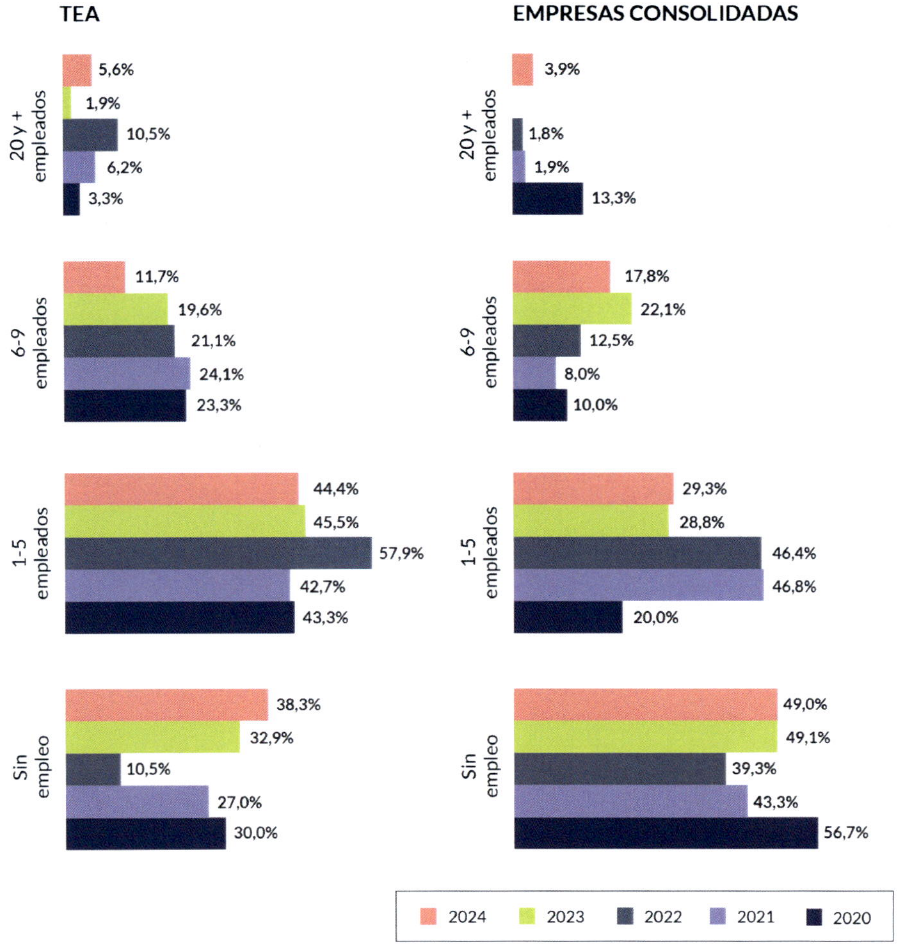

TEA

20 y + empleados
- 5,6%
- 1,9%
- 10,5%
- 6,2%
- 3,3%

6-9 empleados
- 11,7%
- 19,6%
- 21,1%
- 24,1%
- 23,3%

1-5 empleados
- 44,4%
- 45,5%
- 57,9%
- 42,7%
- 43,3%

Sin empleo
- 38,3%
- 32,9%
- 10,5%
- 27,0%
- 30,0%

EMPRESAS CONSOLIDADAS

20 y + empleados
- 3,9%
- 1,8%
- 1,9%
- 13,3%

6-9 empleados
- 17,8%
- 22,1%
- 12,5%
- 8,0%
- 10,0%

1-5 empleados
- 29,3%
- 28,8%
- 46,4%
- 46,8%
- 20,0%

Sin empleo
- 49,0%
- 49,1%
- 39,3%
- 43,3%
- 56,7%

■ 2024   ■ 2023   ■ 2022   ■ 2021   ■ 2020

Fuente: GEM Murcia APS 2024

La brecha regional entre hombres y mujeres se amplifica a medida que aumenta el volumen esperado de contratación. Mientras que un 20,4 % de los hombres murcianos prevé contratar entre seis y diecinueve personas (frente al 3,7 % de las mujeres), y un 11,8 % estima superar los veinte empleos (0 % en mujeres), a nivel nacional ambos sexos muestran cifras mucho más próximas y generalmente más bajas. Esto evidencia que, aunque persiste una desigualdad estructural en el crecimiento esperado, los niveles de ambición empresarial —en ambos sexos— son más elevados en Murcia.

En resumen, la Región de Murcia se caracteriza por una estructura de expectativas más polarizada que la media nacional, pero también por una mayor disposición general a generar empleo entre las personas emprendedoras, tanto hombres como mujeres.

Gráfico 4.4.2

EXPECTATIVAS DE CREACIÓN DE EMPLEO EN FUNCIÓN DEL SEXO

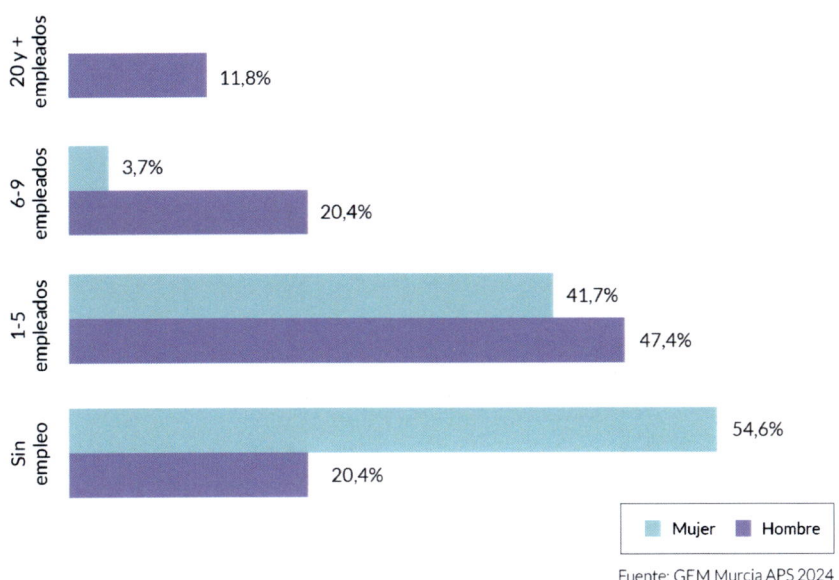

Fuente: GEM Murcia APS 2024

4.5 Forma Jurídica

La forma jurídica elegida por quienes emprenden en la Región de Murcia muestra una clara preferencia por el modelo de autoempleo muy por encima de la media nacional. Esta opción representa más del 64 % tanto en las iniciativas recientes como en las consolidadas, y refuerza la idea de que el perfil de emprendimiento individual caracteriza al ecosistema regional.

Entre los emprendedores recientes (TEA), la sociedad limitada se consolida como segunda opción, aunque con escasa presencia de otras fórmulas jurídicas. En las iniciativas consolidadas, esta falta de diversidad se acentúa aún más: las figuras societarias distintas a autónomo o S.L. apenas tienen representación, lo que sugiere una estructura empresarial poco evolucionada con el paso del tiempo.

En conjunto, el uso mayoritario del autoempleo y la reducida variedad de formas jurídicas reflejan una orientación conservadora y una posible necesidad de acompañamiento en el tránsito hacia modelos más estructurados. Las diferencias por sexo en la elección de forma jurídica son marcadas.

En ambas fases del emprendimiento (TEA y consolidadas), las mujeres optan mayoritariamente por el autoempleo con una proporción muy superior a la de los hombres.

Gráfico 4.5.1
FORMA JURÍDICA DE LAS INICIATIVAS EMPRENDEDORAS

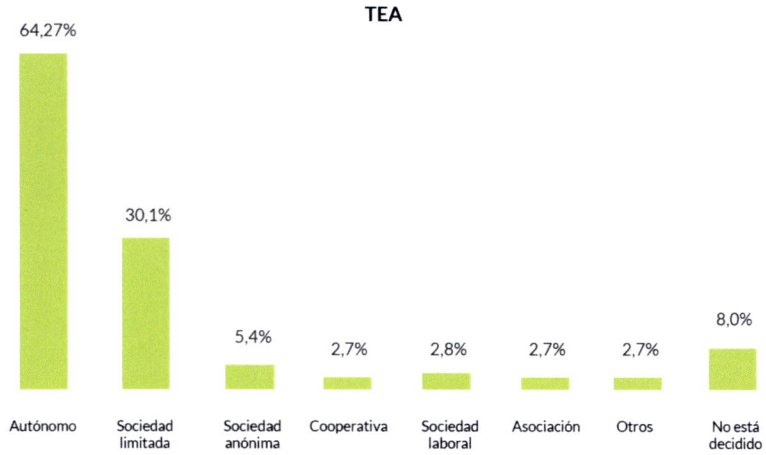

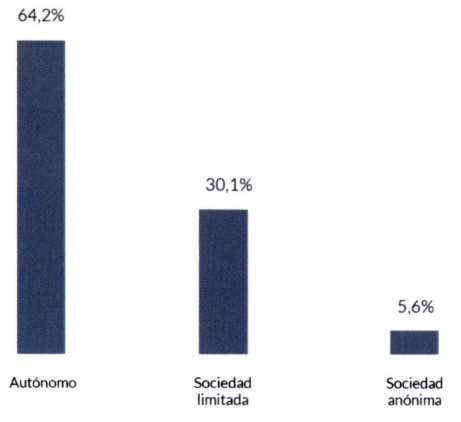

Fuente: GEM Murcia APS 2024

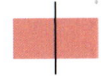

Gráfico 4.5.2
FORMA JURÍDICA DE LAS INICIATIVAS EMPRENDEDORAS EN FUNCIÓN DEL SEXO

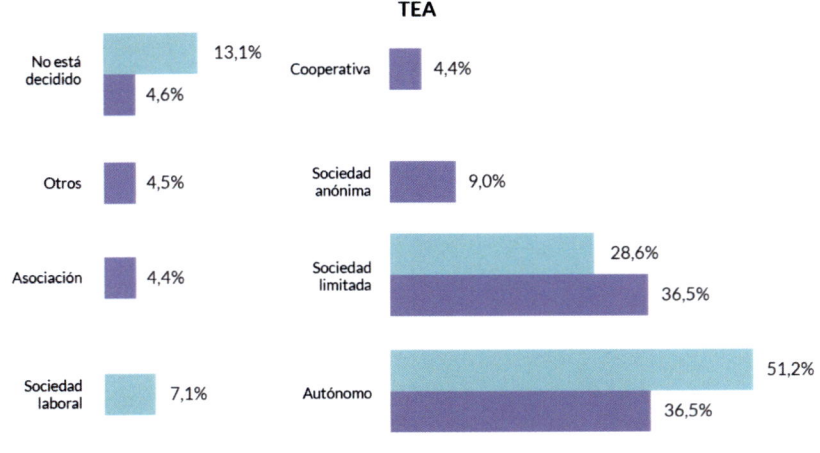

TEA

No está decidido: 13,1% / 4,6%
Cooperativa: 4,4%
Otros: 4,5%
Sociedad anónima: 9,0%
Asociación: 4,4%
Sociedad limitada: 28,6% / 36,5%
Sociedad laboral: 7,1%
Autónomo: 51,2% / 36,5%

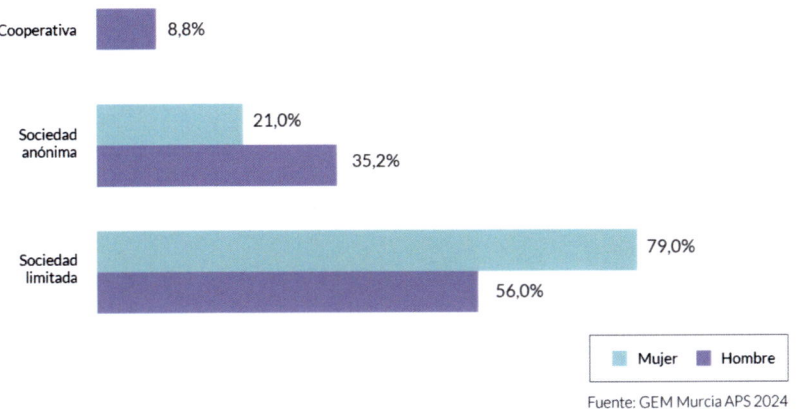

EMPRESAS CONSOLIDADAS

Cooperativa: 8,8%
Sociedad anónima: 21,0% / 35,2%
Sociedad limitada: 79,0% / 56,0%

Mujer | Hombre

Fuente: GEM Murcia APS 2024

En el caso de las iniciativas recientes, ellas también presentan mayor dispersión en otras formas jurídicas (sociedad laboral, no decididas), mientras que los hombres tienden a concentrarse en sociedades limitadas o anónimas. Entre las empresas consolidadas, las mujeres muestran una menor transición hacia estructuras societarias, lo que sugiere que muchas mantienen el formato de autónomo a largo plazo.

Este patrón no es exclusivo de la región, aunque en Murcia la brecha parece más acusada que en el conjunto del país. A nivel nacional, también se observa que los hombres impulsan el crecimiento de las sociedades mercantiles, mientras que las mujeres se mantienen mayoritariamente como autónomas. Estas diferencias reflejan posibles desequilibrios en oportunidades de formalización y escalado, que conviene tener en cuenta al diseñar políticas de apoyo diferenciadas. En cuanto a la distribución por sectores, en la Región de Murcia los servicios siguen ligados al autoempleo tanto en iniciativas recientes como en consolidadas. En cambio, en sectores como el transformador o el extractivo, se observa un mayor uso de sociedades limitadas o anónimas, lo que sugiere una necesidad de estructuras más formales allí

Gráfico 4.5.3
FORMA JURÍDICA DE LAS INICIATIVAS EMPRENDEDORAS EN FUNCIÓN DEL SECTOR DE ACTIVIDAD

TEA

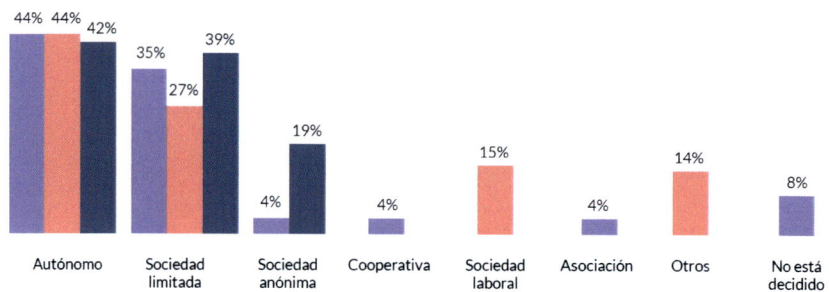

EMPRESAS CONSOLIDADAS

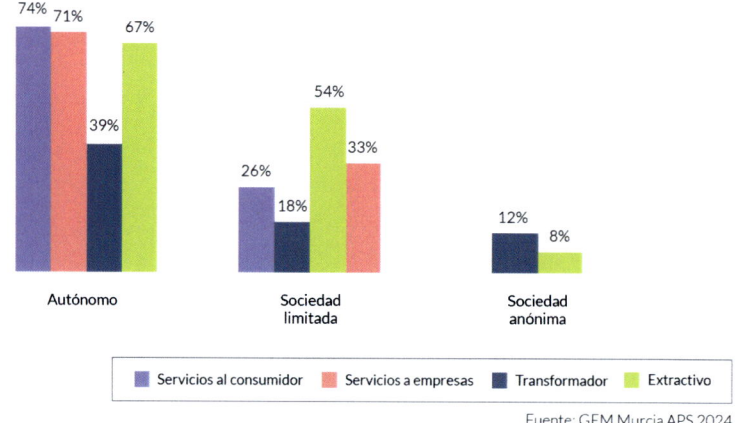

Fuente: GEM Murcia APS 2024

124

donde la actividad requiere de más inversión o regulación. Estos patrones coinciden con los observados a nivel nacional.

4.6 Nivel Tecnológico

En 2024, la actividad emprendedora en Murcia sigue estando mayoritariamente asociada a iniciativas de bajo nivel tecnológico, tanto en fases iniciales como consolidadas. No obstante, se observa una mejora progresiva respecto a 2022, especialmente en el aumento del porcentaje de iniciativas de nivel tecnológico medio y alto de las empresas consolidadas.

Gráfico 4.6.1
EVOLUCIÓN DEL NIVEL TECNOLÓGICO DE LAS INICIATIVAS EMPRENDEDORAS

TEA

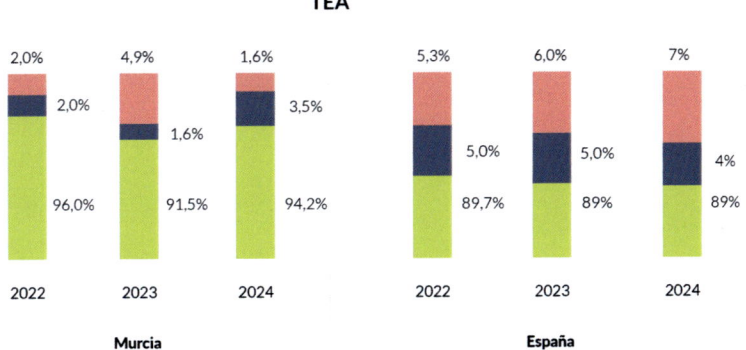

EMPRESAS CONSOLIDADAS

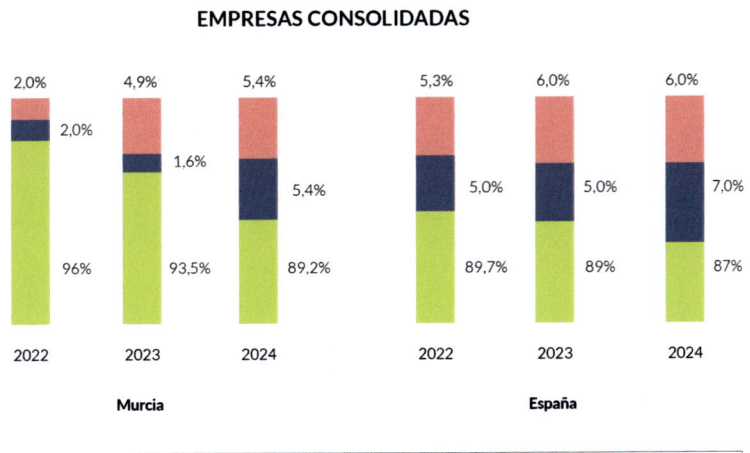

Fuente: GEM Murcia APS 2024

125

En el caso de las iniciativas recientes (TEA), el porcentaje de proyectos de nivel tecnológico medio-alto alcanza un 5 %, todavía por debajo de la media nacional (11 %). En las empresas consolidadas, el avance es más significativo: un 10,8 % de los proyectos alcanza ya niveles medios o altos, reduciendo casi por completo la brecha con el conjunto del país.

Aunque la base tecnológica del emprendimiento en la región sigue siendo limitada, se aprecia una tendencia sostenida de mejora, sobre todo entre las iniciativas consolidadas.

En 2024, las diferencias por sexo en la orientación tecnológica de las iniciativas emprendedoras vuelven a acentuarse. Los hombres lideran claramente las iniciativas de mayor contenido tecnológico, tanto en proyectos recientes como consolidados. En TEA, el 7,5 % de los hombres lidera iniciativas de nivel tecnológico medio-alto frente al 3,5 % de las mujeres. En el caso de las empresas consolidadas, la diferencia es aún más marcada: 17,3 % de los hombres frente a un porcentaje prácticamente inexistente entre las mujeres.

Gráfico 4.6.2
NIVEL TECNOLÓGICO EN FUNCIÓN DEL SEXO

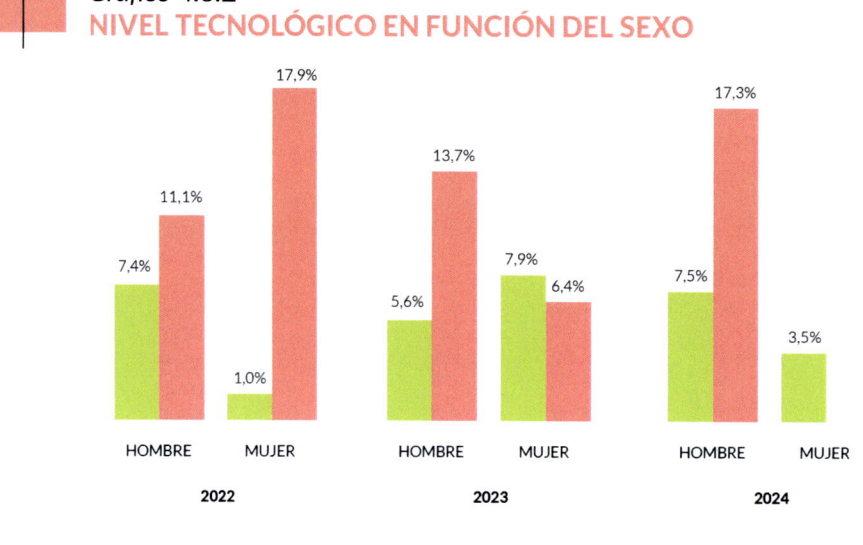

Fuente: GEM Murcia APS 2024

Este patrón rompe la tendencia observada en años anteriores, cuando las mujeres superaron puntualmente a los hombres en TEA. La evolución confirma que, aunque las emprendedoras están presentes en todos los sectores, su presencia en actividades de base tecnológica sigue siendo más limitada.

En la Región de Murcia, los emprendedores más jóvenes (18–24 años) lideran en 2024 las iniciativas recientes (TEA) con mayor nivel tecnológico. También destacan, aunque en menor medida, los de 45–54 años. A diferencia del conjunto nacional —donde este liderazgo corresponde al grupo de 25–34 años—, en la región los extremos de edad son más protagonistas.

Gráfico 4.6.3
NIVEL TECNOLÓGICO EN FUNCIÓN DE LA EDAD

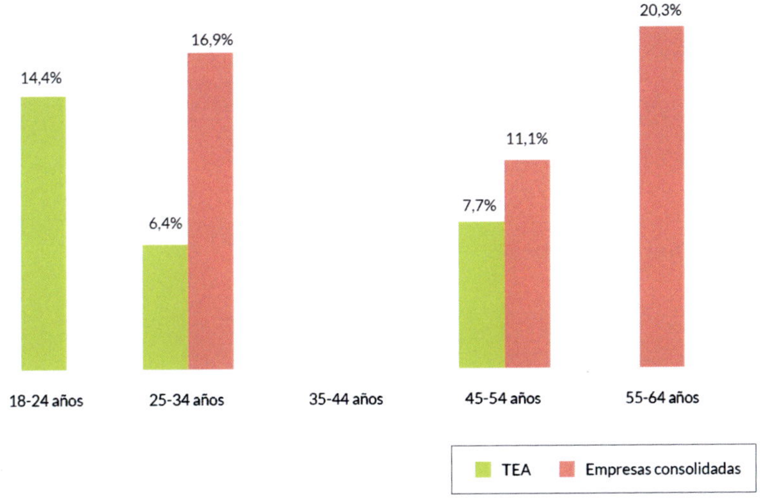

Fuente: GEM Murcia APS 2024

Entre las empresas consolidadas, el mayor peso tecnológico se concentra en los emprendedores de 55–64 años. Estos datos sugieren que en Murcia la tecnología se concentra en los perfiles más jóvenes o más experimentados, quedando los tramos intermedios algo rezagados.

En 2024 se confirma que cuanto mayor es el nivel educativo, mayor es la orientación tecnológica de las iniciativas emprendedoras. En Murcia, los emprendedores con estudios universitarios lideran claramente el porcentaje de

Gráfico 4.6.4
NIVEL TECNOLÓGICO EN FUNCIÓN DEL NIVEL EDUCATIVO

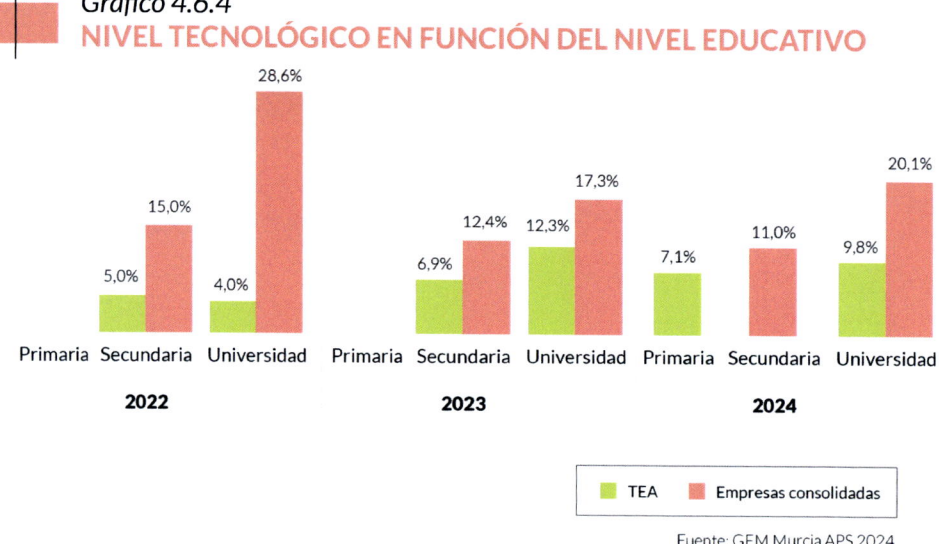

Fuente: GEM Murcia APS 2024

iniciativas de nivel medio-alto, tanto en proyectos recientes (9,8 %) como en consolidados (20,1 %). Estos datos confirman que la formación académica sigue siendo decisiva para impulsar iniciativas con contenido tecnológico.

Gráfico 4.6.5
NIVEL TECNOLÓGICO DE LAS INICIATIVAS EMPRENDEDORAS EN FUNCIÓN DEL SECTOR

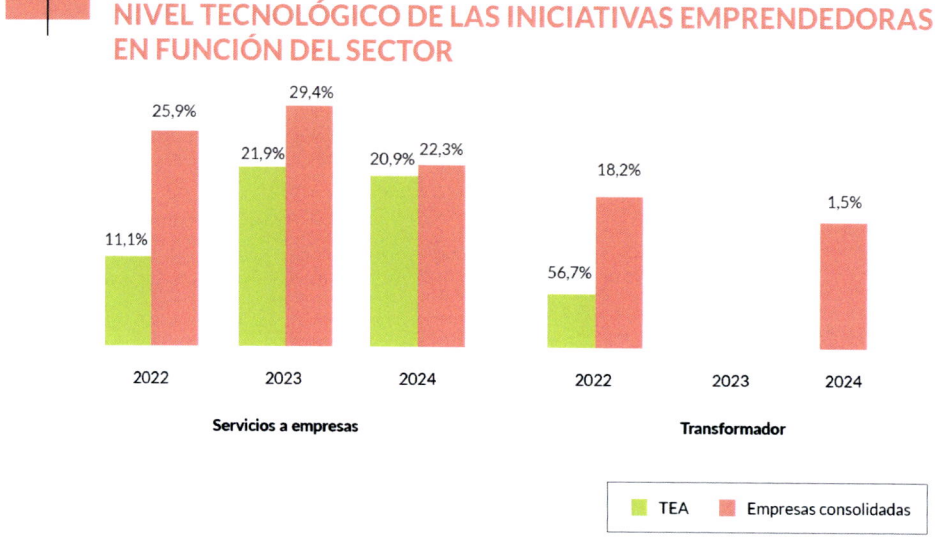

Fuente: GEM Murcia APS 2024

En la Región de Murcia, la orientación tecnológica del emprendimiento sigue concentrándose en el sector de servicios a empresas, tanto en proyectos recientes como consolidados. En 2024, más de una de cada cinco iniciativas TEA y consolidadas en este sector se clasifican como de nivel medio-alto, manteniéndose estables respecto a 2023.

También destaca, aunque con menor intensidad, el sector transformador, especialmente en las iniciativas consolidadas. En cambio, sectores como el extractivo o el de servicios al consumidor siguen sin incorporar iniciativas tecnológicas, reflejando una clara concentración sectorial.

Por último, se observa como el tamaño de las iniciativas se relaciona positivamente con el nivel tecnológico. Más de un 30% de las iniciativas recientes con más de 6 empleados presentan un nivel tecnológico medio-alto, frente al 8% de iniciativas que no emplean a nadie.

Gráfico 4.6.6
NIVEL TECNOLÓGICO MEDIO ALTO DE LAS INICIATIVAS EMPRENDEDORAS EN FUNCIÓN DEL TAMAÑO

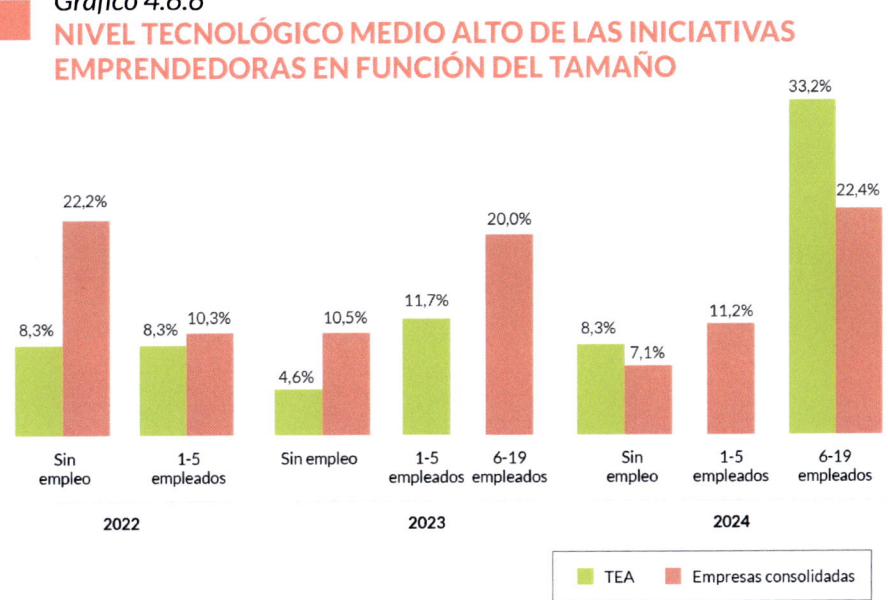

4.7 Innovación en producto y proceso

En 2024, la actividad emprendedora en la Región de Murcia muestra una clara mejora en términos de innovación, tanto en producto como en proceso. Casi la mitad de las iniciativas recientes (TEA) introducen nuevos productos (47,9 %) o procesos (45,2 %), lo que supone un crecimiento sostenido respecto a los años anteriores. También entre las empresas consolidadas se observa una recuperación significativa: el 36,5 % innova en producto y el mismo porcentaje lo hace en proceso, superando ampliamente los niveles de 2023. Aunque el impulso innovador es algo más fuerte en producto, los datos reflejan una orientación creciente hacia la mejora de procesos de negocio, lo que sugiere un avance no solo en lo que se ofrece al mercado, sino también en cómo se produce y se gestiona. Esta evolución confirma que Murcia avanza hacia un tejido emprendedor cada vez más innovador.

Gráfico 4.7.1

EVOLUCIÓN DE LA INNOVACIÓN EN PRODUCTO Y EN PROCESO

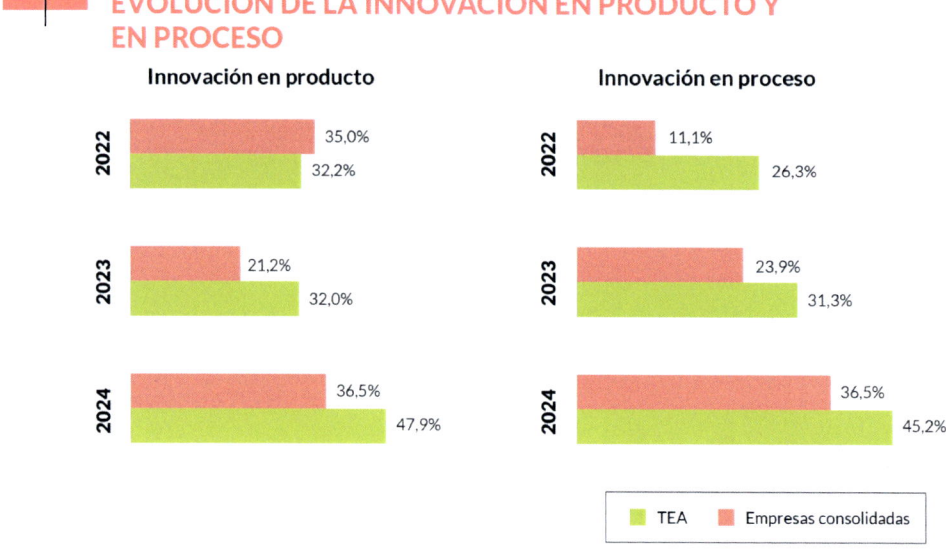

Fuente: GEM Murcia APS 2024

En la Región de Murcia, en 2024 se mantienen diferencias de género en innovación, tanto en producto como en proceso. Entre las iniciativas recientes (TEA), las mujeres emprendedoras presentan niveles de innovación algo más bajos que los hombres, pero con una brecha moderada: un 41,5 % de las mujeres innova en producto frente al 55,6 % de los hombres; en proceso, 42,8 % frente a 48,2 %. Estas cifras son coherentes con el patrón nacional, donde la distancia entre hombres y mujeres en fases iniciales ha llegado a mínimos históricos. Sin embargo, en las empresas consolidadas, la brecha se amplía notablemente: solo una de cada cuatro mujeres innova, frente a más del 40 % de los hombres en ambos tipos de innovación.

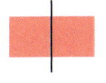

Gráfico 4.7.2
INNOVACIÓN EN PRODUCTO Y EN PROCESO EN FUNCIÓN DEL SEXO

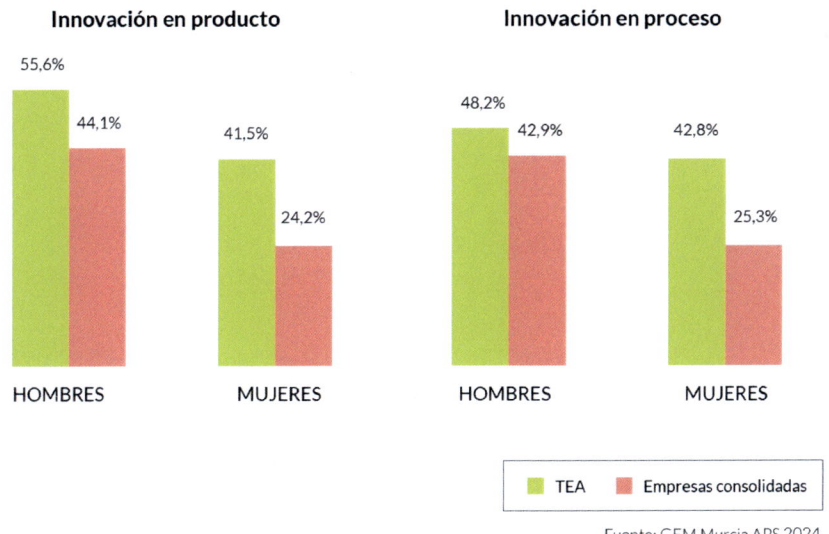

Fuente: GEM Murcia APS 2024

Esto indica que, aunque se avanza en igualdad en las primeras etapas, las mujeres encuentran más barreras para mantener esa capacidad innovadora a largo plazo.

En las empresas consolidadas de la Región de Murcia, la innovación en producto y en proceso disminuye de forma clara con la edad. Los emprendedores de 25 a 34 años son los que muestran mayores niveles de innovación, mientras que en los tramos de mayor edad esta capacidad se reduce de forma significativa, especialmente a partir de los 55 años.

En las iniciativas recientes (TEA), el patrón es distinto. En producto, destacan los más jóvenes (18–24 años) y los sénior de 45–54, mientras que los grupos intermedios mantienen niveles estables por encima del 40 %. En cuanto a la innovación en proceso, se aprecia una tendencia lineal ascendente: la innovación aumenta con la edad hasta los 45–54 años, donde alcanza su punto más alto. Esto sugiere que, en fases iniciales del emprendimiento, la experiencia aporta valor en la mejora de procesos y organización.

En la Región de Murcia, el nivel educativo influye claramente en la capacidad innovadora de los emprendedores, tanto en producto como en proceso. En

2024, las iniciativas recientes (TEA) lideradas por personas con estudios de doctorado destacan con un 100 % de innovación en ambos casos, seguidas por quienes tienen formación de grado o máster. En las empresas consolidadas, la relación también es positiva, aunque algo más irregular: los niveles más altos de innovación se concentran en quienes tienen estudios universitarios, especialmente de máster, mientras que los valores más bajos se dan entre quienes cuentan con formación profesional.

Gráfico 4.7.3
INNOVACIÓN EN PRODUCTO Y EN PROCESO EN FUNCIÓN DE LA EDAD

Innovación en producto

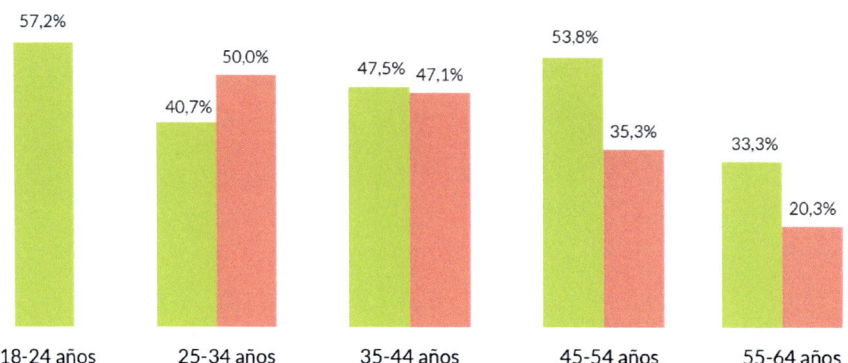

Innovación en proceso

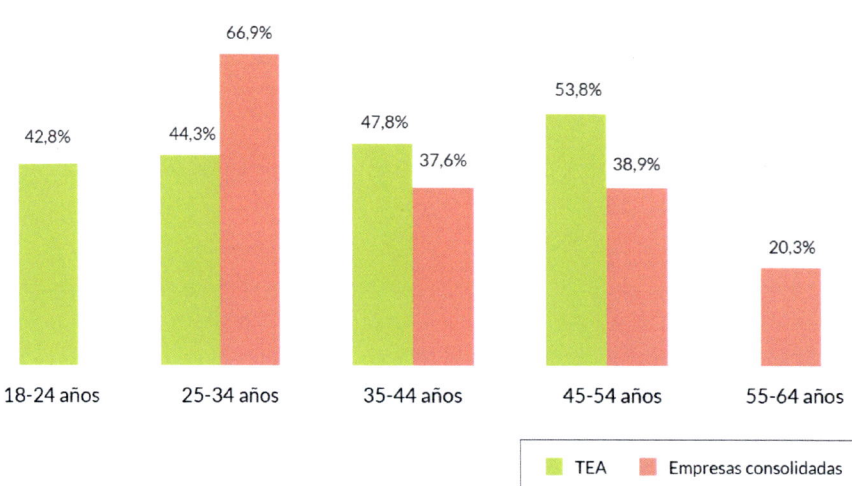

Fuente: GEM Murcia APS 2024

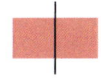

Gráfico 4.7.4

INNOVACIÓN EN PRODUCTO Y EN PROCESO EN FUNCIÓN DEL NIVEL EDUCATIVO

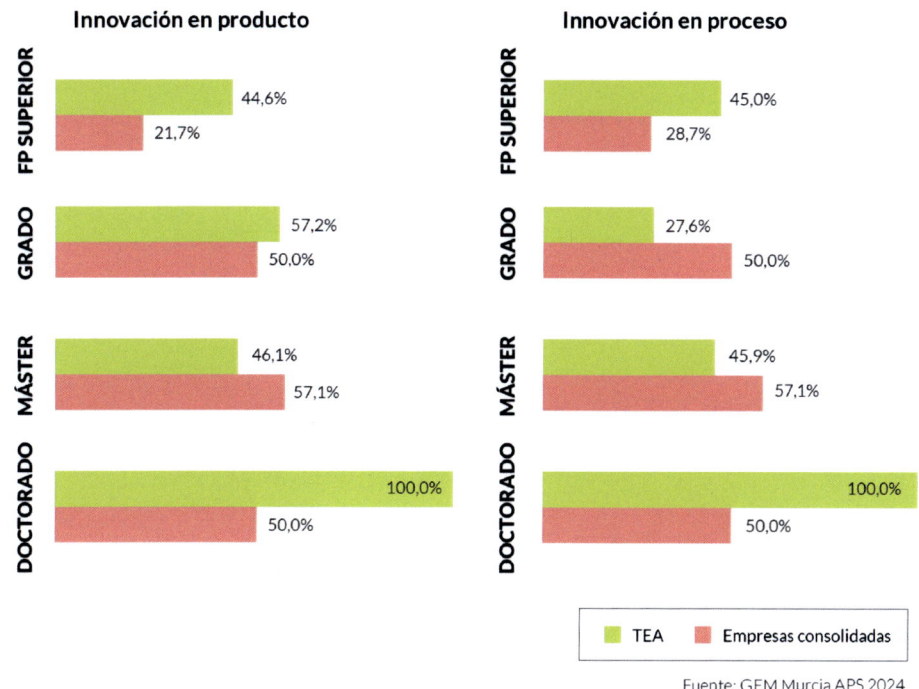

Innovación en producto

FP SUPERIOR
- 44,6%
- 21,7%

GRADO
- 57,2%
- 50,0%

MÁSTER
- 46,1%
- 57,1%

DOCTORADO
- 100,0%
- 50,0%

Innovación en proceso

FP SUPERIOR
- 45,0%
- 28,7%

GRADO
- 27,6%
- 50,0%

MÁSTER
- 45,9%
- 57,1%

DOCTORADO
- 100,0%
- 50,0%

TEA ■ Empresas consolidadas

Fuente: GEM Murcia APS 2024

Estos datos coinciden con el patrón nacional, donde la formación superior —y en particular el doctorado— se asocia a una mayor capacidad de innovación. Todo indica que la formación académica aporta no solo conocimientos técnicos, sino también capacidad analítica y visión estratégica para generar propuestas innovadoras.

En la Región de Murcia, en 2024 la innovación se extiende a todos los sectores productivos en las iniciativas recientes (TEA), con niveles especialmente altos en servicios a empresas (más del 65 % en producto y proceso) y transformación (alrededor del 68 % en proceso y 57 % en producto). También en servicios al consumidor se observan niveles relevantes, por encima del 35 %. Esta orientación innovadora parece ser una respuesta a un entorno más competitivo, como señala el análisis nacional.

En las empresas consolidadas, sin embargo, la innovación es más moderada y menos homogénea, con niveles más bajos en el sector transformador (23,5

Gráfico 4.7.5
INNOVACIÓN EN PRODUCTO Y EN PROCESO EN FUNCIÓN DEL SECTOR DE ACTIVIDAD

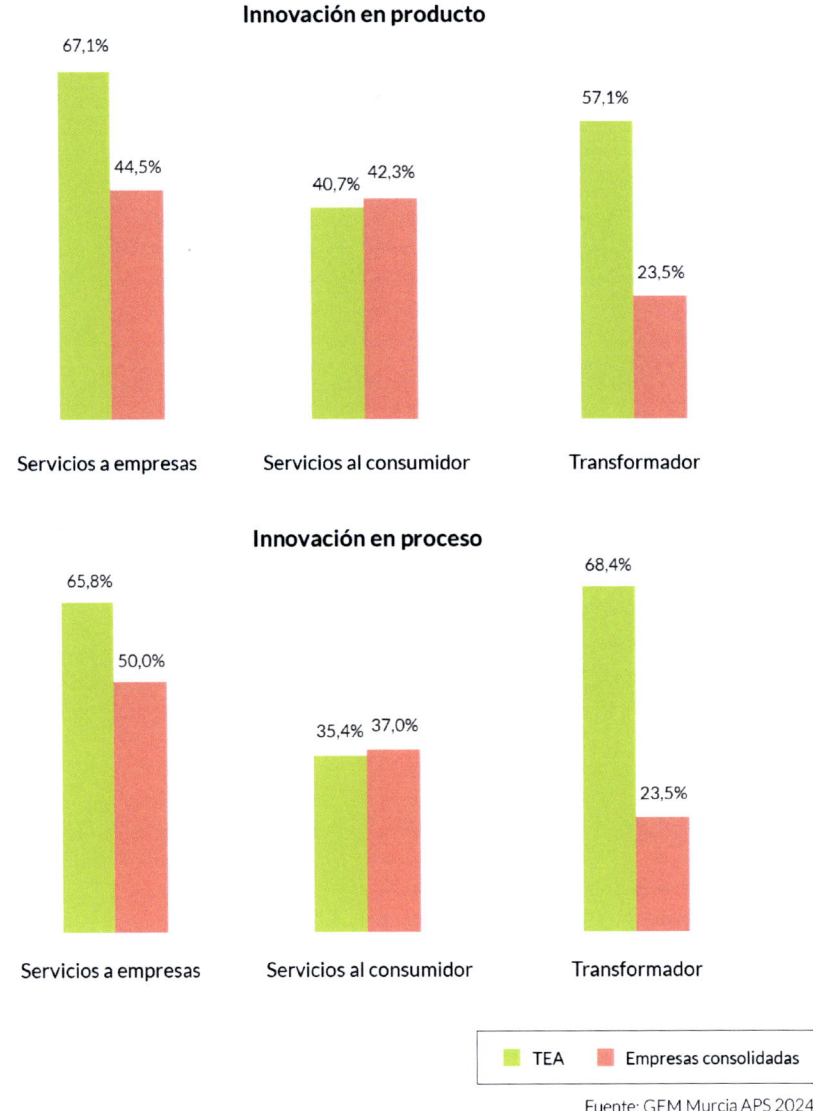

Innovación en producto

Innovación en proceso

TEA Empresas consolidadas

Fuente: GEM Murcia APS 2024

% tanto en producto como en proceso) y algo más elevados en servicios. Estos datos indican que, aunque la innovación se ha generalizado en las fases tempranas del emprendimiento, no siempre logra mantenerse a largo plazo, especialmente en sectores con mayores exigencias estructurales.

Gráfico 4.7.6
INNOVACIÓN EN PRODUCTO Y EN PROCESO EN FUNCIÓN DEL TAMAÑO

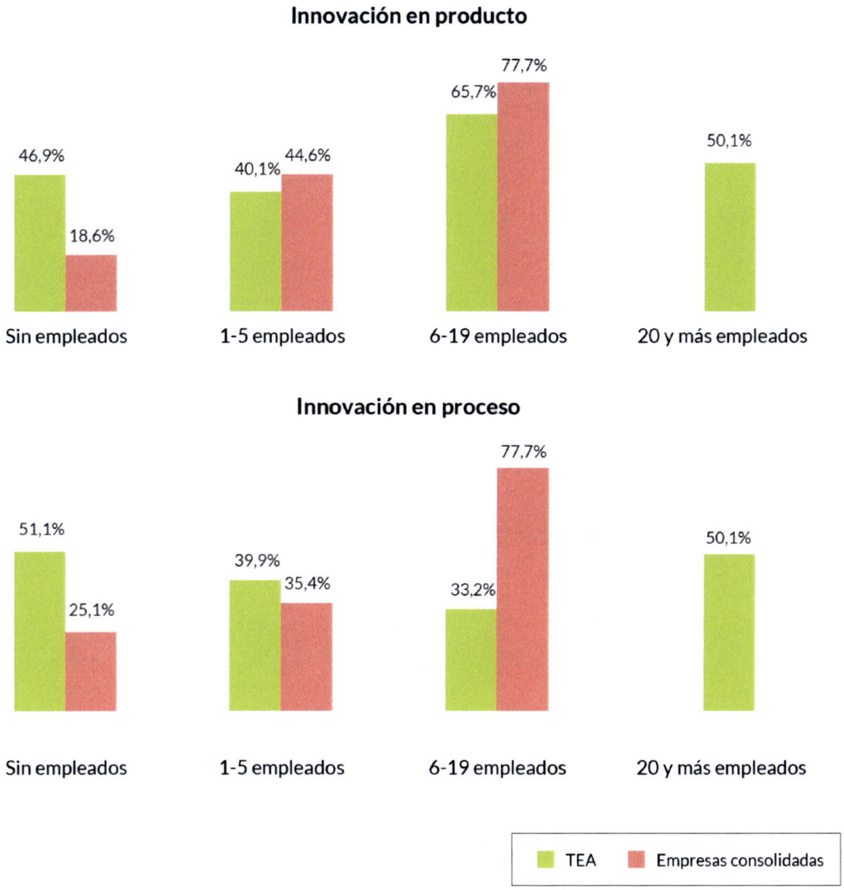

Innovación en producto

Sin empleados	1-5 empleados	6-19 empleados	20 y más empleados
46,9% / 18,6%	40,1% / 44,6%	65,7% / 77,7%	50,1%

Innovación en proceso

Sin empleados	1-5 empleados	6-19 empleados	20 y más empleados
51,1% / 25,1%	39,9% / 35,4%	33,2% / 77,7%	50,1%

TEA · Empresas consolidadas

Fuente: GEM Murcia APS 2024

En 2024, el vínculo entre tamaño e innovación se confirma en las empresas consolidadas de la Región de Murcia: las que cuentan con entre 6 y 19 empleados presentan los niveles más altos de innovación, tanto en producto como en proceso (77,7 %). En las iniciativas recientes (TEA), la relación no es tan lineal. Aunque también destacan las de mayor tamaño, la innovación es elevada incluso entre los proyectos sin empleados, especialmente en proceso. Esto sugiere que, aunque el crecimiento favorece la innovación, también existen bases innovadoras sólidas desde las primeras etapas.

4.8 Inteligencia artificial y digitalización

4.8.1 Importancia de la inteligencia artificial

El gráfico 4.8.1. muestra la importancia de los recursos digitales para la estrategia y el modelo de negocio. En el año 2024, en la Región de Murcia, los emprendedores recientes (TEA) muestran un alto nivel de adopción tecnológica, destacando el uso de páginas de e-commerce (65%) y herramientas de análisis de datos (49%). También un 37% prevé incorporar inte-

Gráfico 4.8.1
IMPORTANCIA DE LOS RECURSOS DIGITALES PARA LA ESTRATEGIA Y EL MODELO DE NEGOCIO

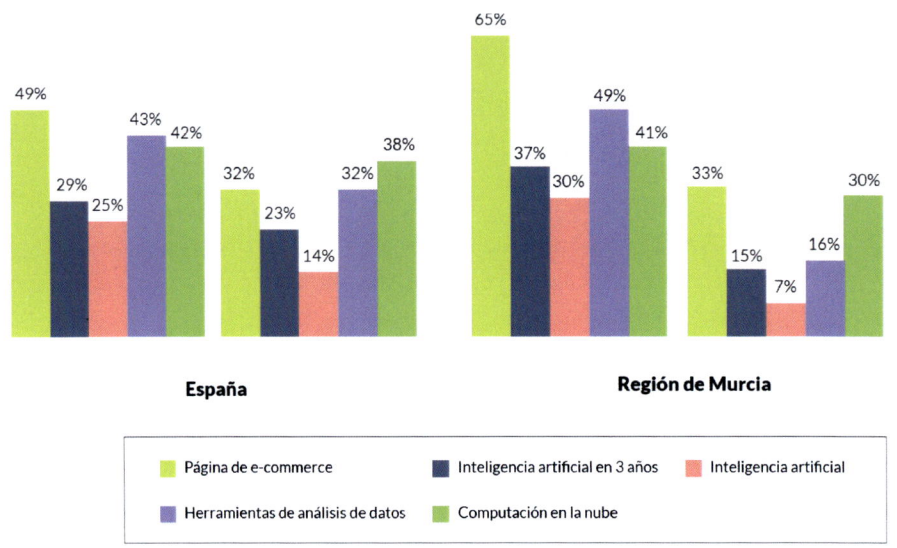

Fuente: GEM Murcia APS 2024

ligencia artificial (IA) en los próximos tres años. En contraste, las empresas consolidadas presentan una adopción más limitada, con niveles especialmente bajos en IA (7%) y análisis de datos (16%). Respecto al conjunto de España, las TEA de Murcia presentan una mayor adopción digital en casi todas las tecnologías analizadas, especialmente en comercio electrónico y análisis de datos. Sin embargo, las empresas consolidadas de la Región se sitúan por debajo de la media nacional en la mayoría de los indicadores, lo que refleja una brecha entre las iniciativas más recientes y los negocios consolidados.

Por su parte, el gráfico 4.8.2. recoge la importancia de los recursos digitales en las operaciones comerciales. En la Región de Murcia, emprendedores recientes (TEA) muestran en 2024 un uso generalizado de herramientas digitales de comunicación, especialmente en redes sociales (70%) y páginas web informativas (67%). También se emplean con frecuencia el email como canal de comunicación (56%) y, en menor medida, como estrategia

Gráfico 4.8.2

IMPORTANCIA DE LOS RECURSOS DIGITALES EN LAS OPERACIONES COMERCIALES

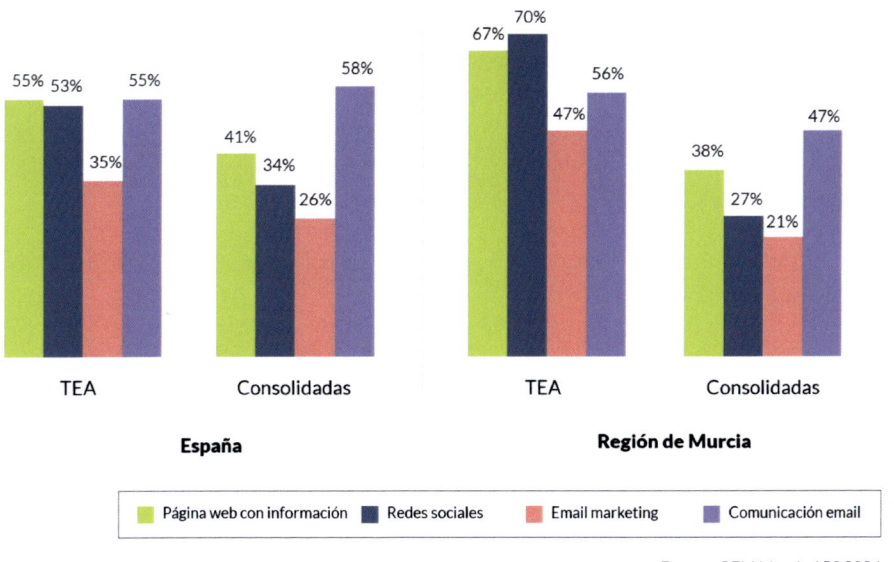

Fuente: GEM Murcia APS 2024

de marketing (47%). En contraste, las empresas consolidadas presentan niveles de importancia más bajos, con un descenso especialmente pronunciado en redes sociales (27%) y marketing por correo electrónico (21%). Comparado con el conjunto de España, las TEA murcianas muestran una adopción más elevada en todas las herramientas analizadas, destacando especialmente en redes sociales (70% frente al 53%). Sin embargo, las empresas consolidadas de la Región de Murcia vuelven a situarse por debajo de la media nacional, lo que confirma una brecha persistente en la digitalización entre proyectos recientes y negocios más asentados.

El gráfico 4.8.3. muestra los impactos positivos de implementar IA en una empresa. En la Región de Murcia, los emprendedores recientes (TEA) perciben en el año 2024 impactos positivos muy relevantes asociados a la IA, especialmente en la mejora de la productividad y eficiencia (64%), la personalización de productos o servicios (60%) y la innovación en productos y servicios (60%). En contraste, las empresas consolidadas muestran niveles de percepción más bajos en todos los indicadores, con cifras especialmente reducidas en innovación en productos y servicios (26%) y en mejoras en ingresos y crecimiento del negocio (24%). En comparación con España, las TEA murcianas muestran niveles más elevados en todos los beneficios analizados, lo que sugiere una visión más optimista sobre el impacto de la IA en sus iniciativas. En cambio, las empresas consolidadas de la Región presentan valores inferiores a la media nacional en todos los ítems (salvo en la personalización mejorada), manteniéndose por debajo especialmente en los ámbitos más estratégicos como innovación o gestión de riesgos.

De forma complementaria, el gráfico 4.8.4. muestra los impactos negativos de implementar IA en una empresa. En 2024, en la Región de Murcia, las personas emprendedoras recientes (TEA) identifican como principales barreras para la adopción de la IA la preocupación por la seguridad y privacidad de los datos (68%). También destacan los costes y desafíos de im-

Gráfico 4.8.3

IMPACTOS POSITIVOS DE IMPLEMENTAR LA INTELIGENCIA ARTIFICAL EN UNA EMRPESA

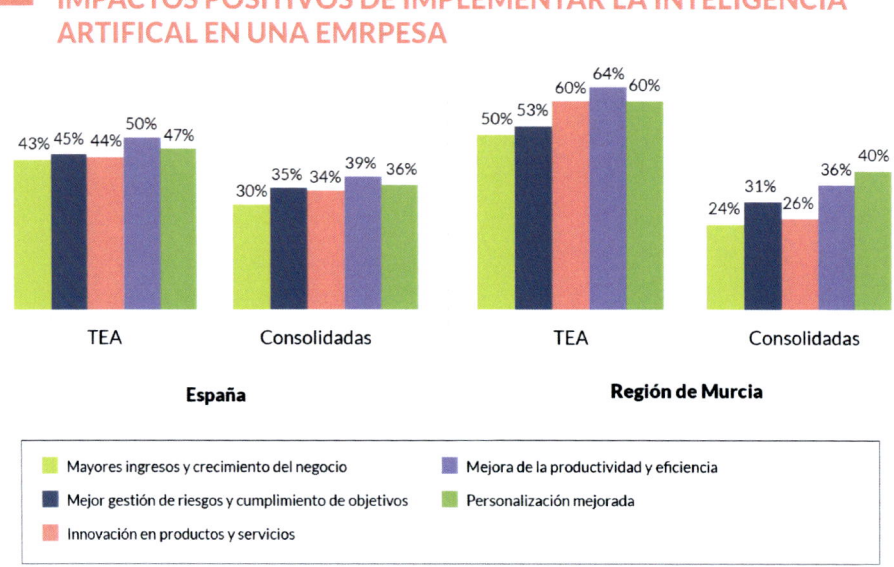

Fuente: GEM Murcia APS 2024

Gráfico 4.8.4
IMPACTOS NEGATIVOS DE IMPLEMENTAR INTELIGENCIA ARTIFICIAL EN UNA EMPRESA

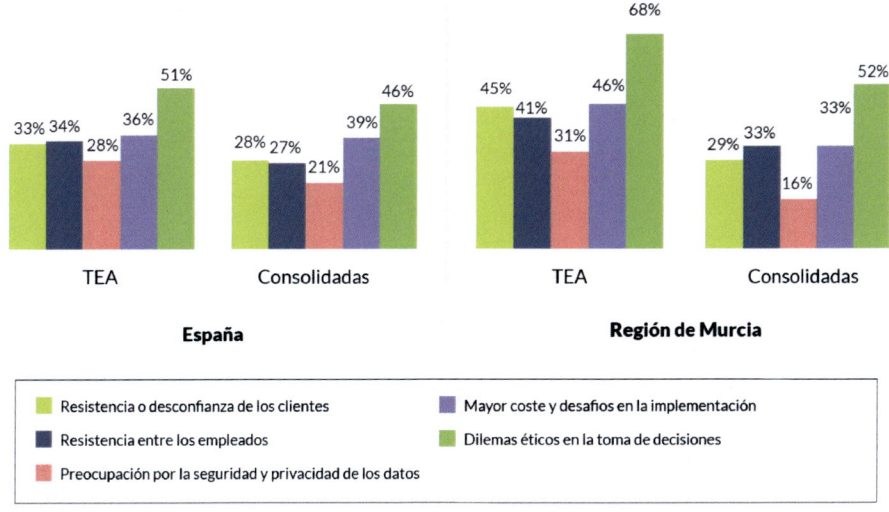

Fuente: GEM Murcia APS 2024

plementación (46%), la resistencia o desconfianza por parte de los clientes (45%) y los dilemas éticos en la toma de decisiones (41%). Las empresas consolidadas comparten preocupaciones similares, aunque con niveles sensiblemente más bajos, en especial en resistencia interna. En comparación con el conjunto de España, la TEA de Murcia muestran una mayor sensibilidad en todos los riesgos analizados, con una diferencia especialmente marcada en lo relativo a privacidad de datos (68% frente a 51%). En cambio, las empresas consolidadas de la Región presentan niveles similares a la media nacional.

El gráfico 4.8.5. analiza las diferencias de percepción entre hombres y mujeres sobre los beneficios esperados del uso de IA en la Región de Murcia en 2024. Las mujeres emprendedoras recientes (TEA) destacan notablemente en todos los indicadores respecto a los hombres, especialmente en la mejora de la productividad y eficiencia (73% frente a 54%), la innovación

Gráfico 4.8.5
**IMPACTOS POSITIVOS DE IMPLEMENTAR INTELIGENCIA
ARTIFICIAL EN FUNCIÓN DEL SEXO**

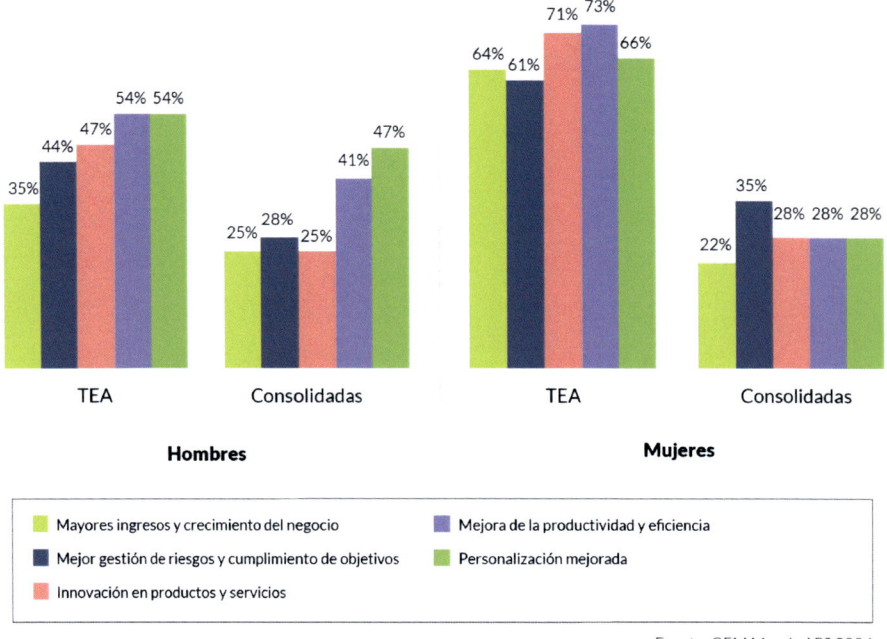

Fuente: GEM Murcia APS 2024

en productos y servicios (71% frente a 47%) y la personalización mejorada (66% frente a 54%). Sin embargo, estas diferencias por género se atenúan en el caso de las empresas consolidadas, donde las respuestas tienden a ser más homogéneas o incluso ligeramente más favorables entre los hombres en algunos de los indicadores. En conjunto, los datos sugieren que las mujeres emprendedoras recientes en la Región de Murcia tienen una percepción más positiva y ambiciosa sobre el potencial de la IA, mientras que las brechas de género en las empresas consolidadas están más difusas.

El gráfico 4.8.6., por su parte, presenta las diferencias entre hombres y mujeres emprendedores de la Región de Murcia en 2024 respecto a los riesgos asociados al uso de la IA. Las mujeres emprendedoras recientes (TEA) muestran mayores niveles de preocupación en todos los aspectos analizados, destacando la privacidad y seguridad de los datos (71% frente a 65%), el coste de implementación (54% frente a 36%) y la resistencia o desconfianza de los clientes (51% frente a 39%). Estas preocupaciones también

Gráfico 4.8.6

IMPACTOS NEGATIVOS DE IMPLEMENTAR INTELIGENCIA ARTIFICIAL EN FUNCIÓN DEL SEXO

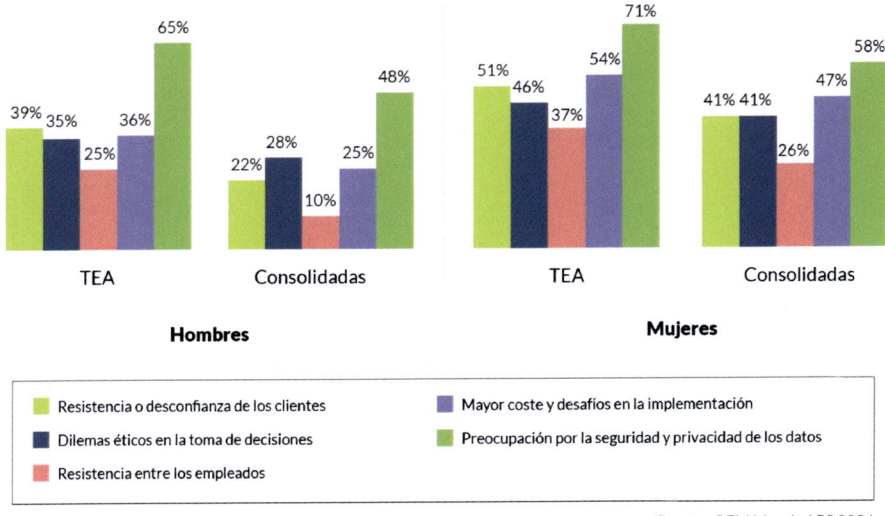

Legend:
- Resistencia o desconfianza de los clientes
- Dilemas éticos en la toma de decisiones
- Resistencia entre los empleados
- Mayor coste y desafíos en la implementación
- Preocupación por la seguridad y privacidad de los datos

Fuente: GEM Murcia APS 2024

se mantienen entre las mujeres con empresas consolidadas, donde los porcentajes son más elevados que los de los hombres, especialmente en el coste y desafíos de la implementación (47% frente a 25%) y resistencia o desconfianza de los clientes (41% frente a 22%). Los datos apuntan, pues, a una mayor sensibilidad de las mujeres ante los riesgos asociados a la IA, lo cual podría influir en sus decisiones de adopción tecnológica.

4.8.2 EXPECTATIVAS DE DIGITALIZACIÓN

Además de analizar el uso actual de la IA y las herramientas digitales, en esta sección se exploran las expectativas de adopción de tecnologías digitales, tanto entre las iniciativas recientes (TEA) como entre las empresas consolidadas, atendiendo a diversas variables demográficas y estructurales.

El gráfico 4.8.7. muestra la evolución del uso de tecnologías digitales por parte de emprendedores recientes (TEA) y empresas consolidadas en la Región de Murcia y en España entre 2021 y 2024. En la Región de Murcia, el porcentaje de TEA que manifiesta expectativas de utilizar tecnologías digitales ha crecido de forma notable, pasando del 32% en 2023 al 74% en 2024, recuperando e incluso superando los niveles observados en 2021. En el caso de las empresas consolidadas, también se registra una recuperación, con un

Gráfico 4.8.7
EVOLUCIÓN DE LAS EXPECTATIVAS DE ADOPCIÓN DE TECNOLOGÍAS DIGITALES EN EL PROCESO EMPRENDEDOR

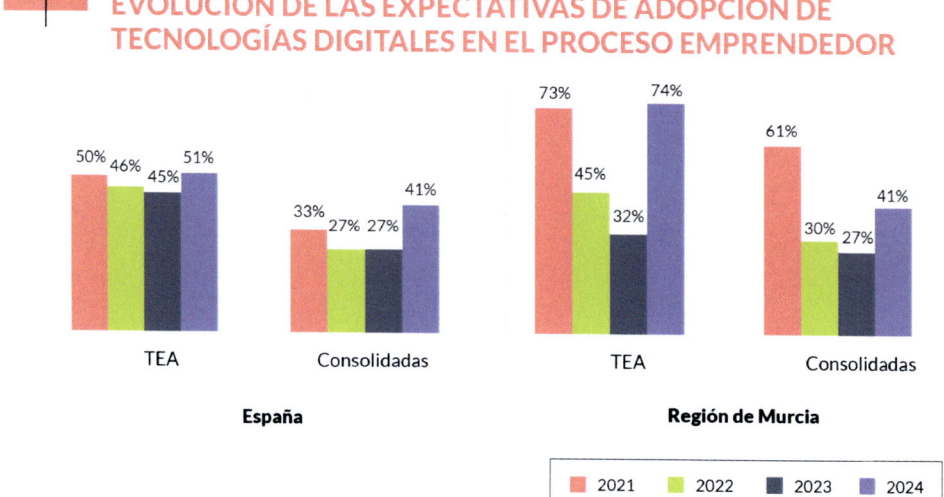

Fuente: GEM Murcia APS 2024

incremento de 14 puntos porcentuales respecto al año anterior (del 27% al 41%). A nivel nacional, las expectativas de adopción de IA también aumentan, aunque con un crecimiento más moderado. Entre las TEA, el indicador pasa del 45% en 2023 al 51% en 2024, y entre las empresas consolidadas del 27% al 41%. En comparación, los emprendedores recientes de la Región de Murcia destacan por su elevado nivel de expectativas de adopción de tecnologías digitales en 2024 (74%), muy por encima de la media nacional. Esta diferencia también se mantiene entre las empresas consolidadas, aunque en menor medida.

El gráfico 4.8.8. muestra la distribución de las expectativas de adopción de tecnologías digitales en 2024 en función del género. En la Región de Murcia, tanto hombres como mujeres emprendedoras recientes (TEA) presentan elevados niveles de expectativas de adopción de tecnologías digitales, alcanzando el 75% en mujeres y el 73% en hombres. Esta paridad contrasta con las diferencias registradas entre las empresas consolidadas,

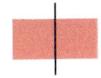

Gráfico 4.8.8
EXPECTATIVAS DE ADOPCIÓN DE TECNOLOGÍAS DIGITALES EN FUNCIÓN DEL SEXO

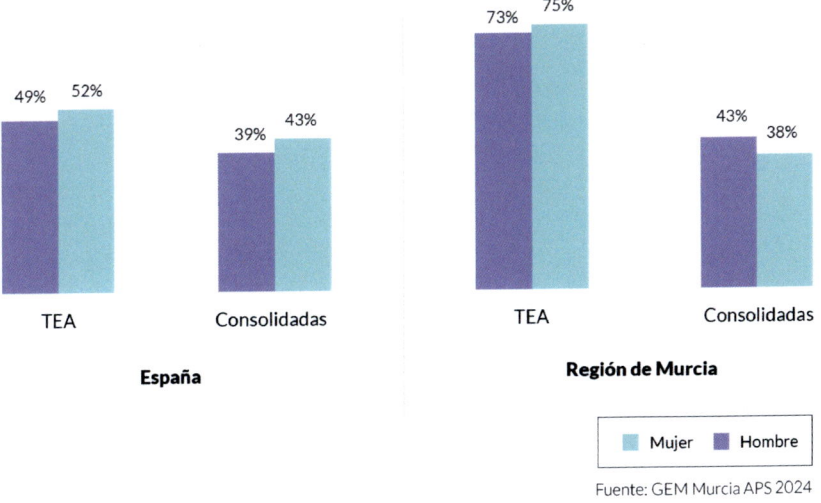

Fuente: GEM Murcia APS 2024

donde los hombres muestran mayores expectativas de adopción (43%) en comparación con las mujeres (38%). En el conjunto de España, los porcentajes son sensiblemente más bajos. Entre las TEA, las mujeres superan a los hombres por 3 puntos (52% frente a 49%), mientras que entre las empresas consolidadas se invierte ligeramente la diferencia (43% en mujeres frente a 39% en hombres). En conjunto, la Región de Murcia destaca no solo por su elevado nivel de expectativas de adopción de tecnologías digitales entre las personas emprendedoras recientes, sino también por la casi total convergencia entre géneros.

El gráfico 4.8.9. muestra cómo varía las expectativas de adopción de tecnologías digitales entre los distintos tramos de edad de los emprendedores en 2024. En la Región de Murcia, los emprendedores recientes (TEA) presentan expectativas de adopción excepcionalmente altas en todos los grupos, destacando el 100% en la franja de 55 a 64 años, seguido por los jóvenes de 18 a 24 años (84%) y el grupo de 35 a 44 años (81%). Estos porcentajes superan con claridad los registrados a nivel nacional. Entre las empresas consolidadas en la Región de Murcia, las expectativas de adopción son más moderadas y decrecen con la edad: el grupo de 25 a 34 años

Gráfico 4.8.9
EXPECTATIVAS DE ADOPCIÓN DE TECNOLOGÍAS DIGITALES EN FUNCIÓN DE LA EDAD

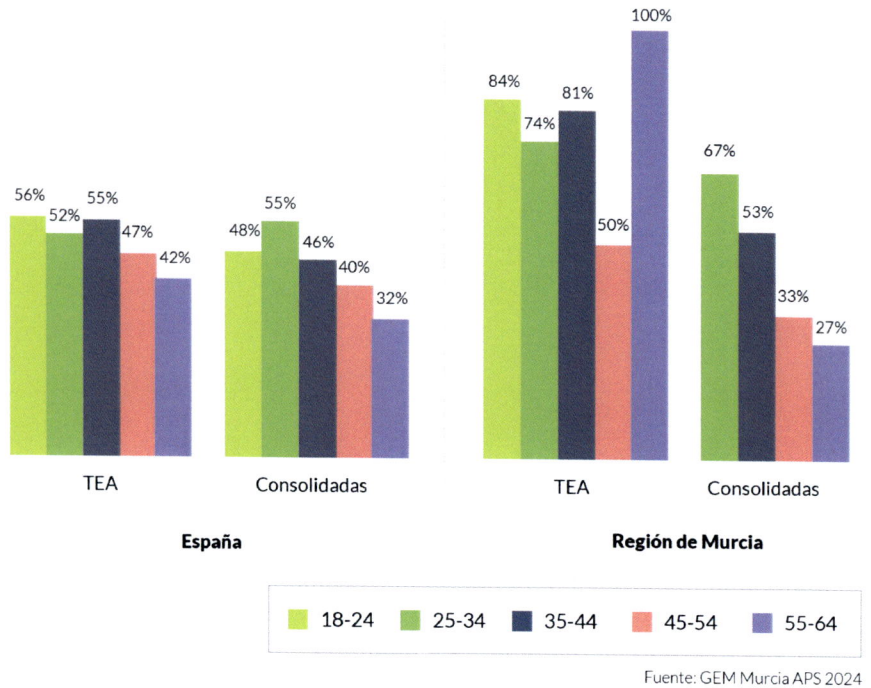

Fuente: GEM Murcia APS 2024

alcanza el 67%, frente a solo un 27% en el tramo de mayor edad (de 55 a 64 años). En el caso de España también se observa un descenso progresivo entre las empresas consolidadas conforme avanza la edad. En resumen, la Región de Murcia destaca no solo por sus elevadas expectativas de adopción de tecnologías digitales en todas las edades, sino también por la particular intensidad entre los emprendedores jóvenes y senior.

El gráfico 4.8.10 muestra la relación entre las expectativas de adopción de tecnologías digitales y el nivel educativo de los emprendedores recientes (TEA) y consolidados en el año 2024. En la Región de Murcia, los datos reflejan un elevado nivel de expectativas de adopción entre las TEA con cualquier nivel de estudios, alcanzando un 85% en quienes tienen solo educación primaria y un 82% entre los universitarios. Este patrón es notable, pues incluso los emprendedores con menor nivel formativo muestran elevadas expectativas. Entre las empresas consolidadas, sin embargo, las expectativas de adopción disminuyen en todos los niveles, especialmen-

Gráfico 4.8.10

**EXPECTATIVAS DE ADOPCIÓN DE TECNOLOGÍAS DIGITALES
EN FUNCIÓN DEL NIVEL EDUCATIVO**

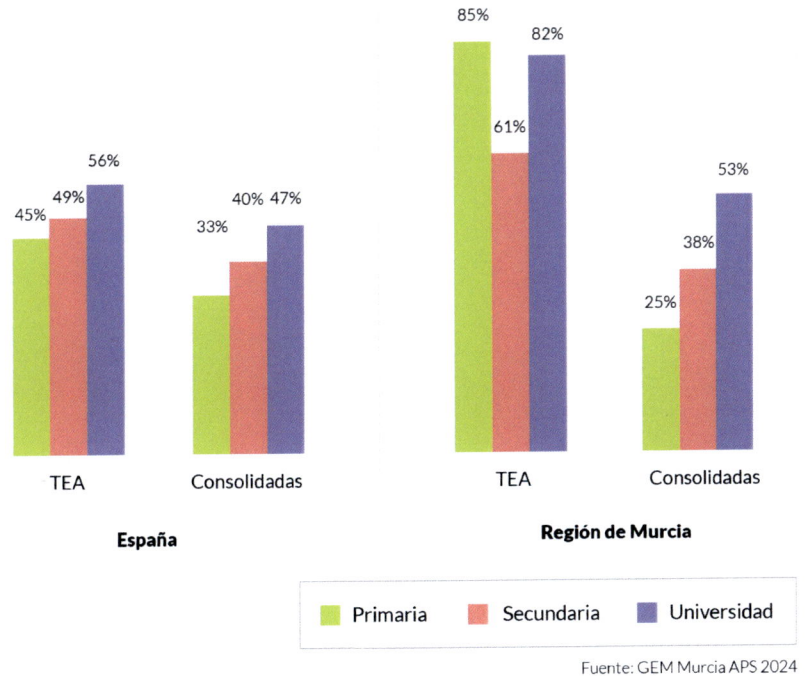

Fuente: GEM Murcia APS 2024

te entre quienes solo poseen estudios primarios (25%). A nivel nacional, se observa una correlación más convencional: a mayor nivel educativo, mayores expectativas de adopción de tecnologías digitales. En concreto, el porcentaje asciende al 56% entre las TEA con formación universitaria, mientras que es del 45% en aquellas con estudios primarios. En empresas consolidadas, las tasas oscilan entre el 33% (estudios primarios) y el 47% (estudios universitarios).

En la Región de Murcia, los emprendedores recientes (TEA) muestran expectativas muy elevadas en todos los sectores (gráfico 4.8.11.), alcanzando el 100% en los sectores extractivo y transformador, y niveles también elevados en servicios a empresas (80%) y servicios al consumidor (66%). Ello sugiere una clara orientación digital desde las fases iniciales del emprendimiento, con independencia del sector productivo. En las empresas consolidadas murcianas, las expectativas de adopción son más moderadas, oscilando entre el 31% del sector transformador y el 50% de servicio

145

Gráfico 4.8.11
EXPECTATIVAS DE ADOPCIÓN DE TECNOLOGÍAS DIGITALES EN FUNCIÓN DEL SECTOR

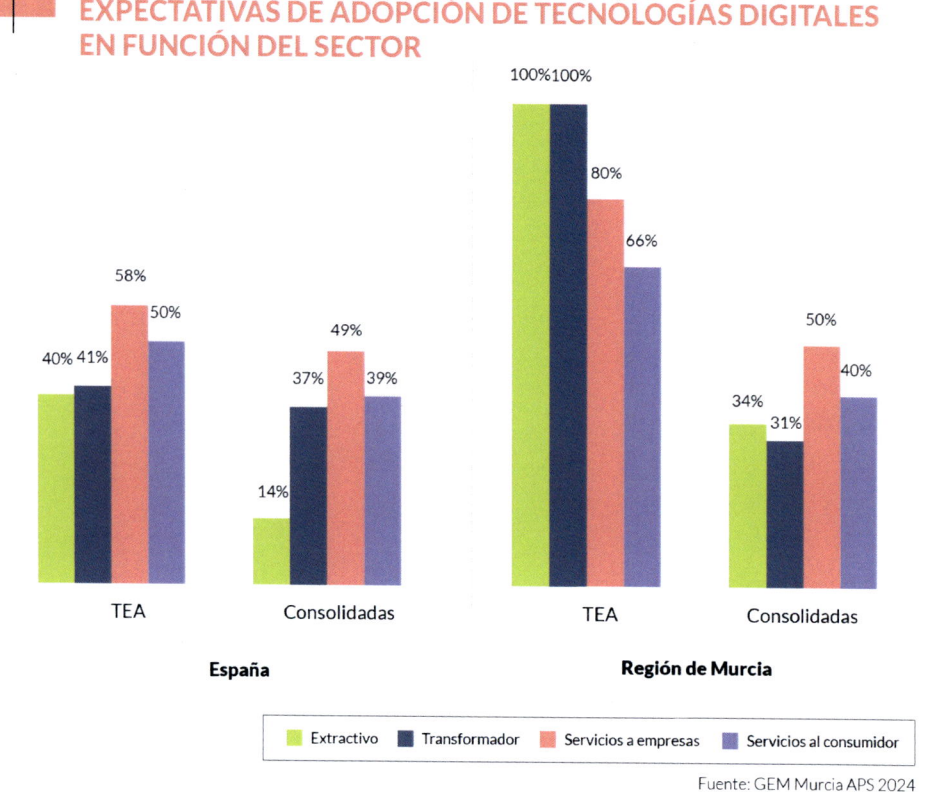

Fuente: GEM Murcia APS 2024

a empresas. A nivel nacional, los datos muestran un patrón más contenido: las TEA tienen mayores expectativas de adopción en los servicios a empresas (58%) y al consumidor (50%). Por su parte, en las empresas consolidadas, los porcentajes son aún más bajos, especialmente en el sector extractivo (14%). En conjunto, la Región de Murcia destaca por presentar expectativas de digitalización significativamente más altas en todos los sectores, especialmente en las iniciativas recientes.

Finalmente, en relación con el tamaño de las iniciativas, se observa que en la Región de Murcia las expectativas por parte de emprendedores recientes (TEA) presentan una relación directa con este (gráfico 4.8.12.): el 64% de quienes no tienen empleados espera incorporar tecnologías digitales, ascendiendo ese porcentaje al 80% entre quienes cuentan con 1 a 5 empleados. Las expectativas son totales (100%) en las iniciativas con 6 a 19 empleados. En el tramo de TEA con 20 o más empleados no se ha registrado ningún caso en la muestra regional, lo que explica que el porcentaje sea del 0%. Dado el carácter incipiente de estas iniciativas, es coherente que sea difícil encontrar emprendedores recientes con estructuras tan amplias en una muestra territorial como la de Murcia, a diferencia del conjunto nacional, donde sí se alcanza un 60% gracias al mayor tamaño muestral. En las empresas consolidadas murcianas, dichas expectativas

Gráfico 4.8.12

EXPECTATIVAS DE ADOPCIÓN DE TECNOLOGÍAS DIGITALES EN FUNCIÓN DEL TAMAÑO

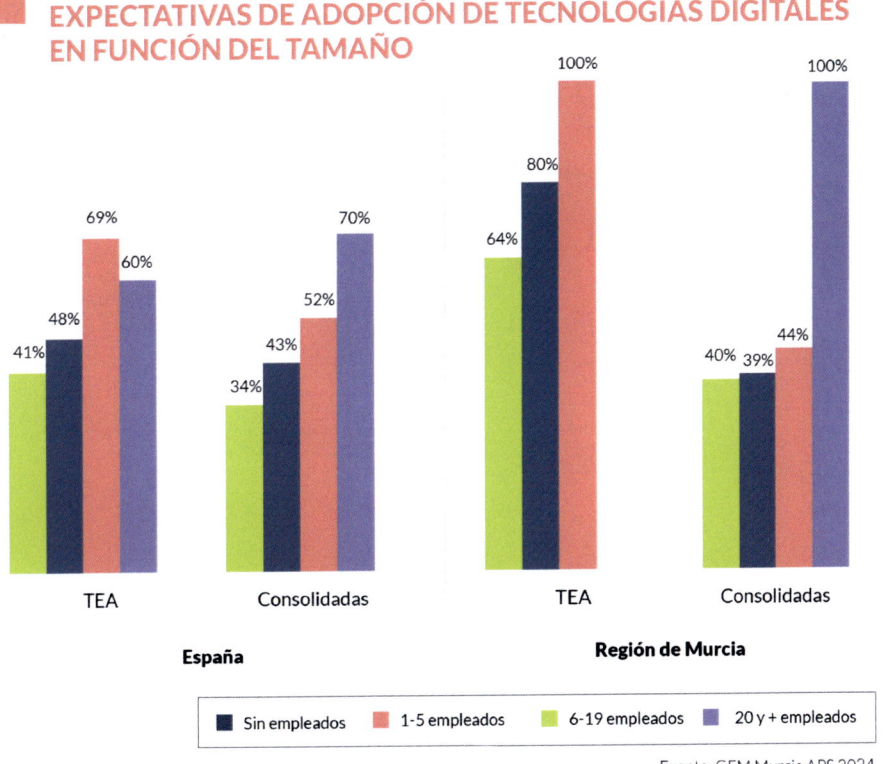

Fuente: GEM Murcia APS 2024

de digitalización también se incrementan con el tamaño, pasando del 40% (para empresas sin empleados) al 100% (para las que cuentan con 20 o más personas trabajadoras). En el conjunto de España, el patrón también es creciente, aunque con menor intensidad. Las TEA con más empleados tienden a mostrar más expectativas de digitalización (hasta el 69% en el tramo de 6-19 empleados y 60% en el de 20 o más), y en las empresas consolidadas esos porcentajes son más elevados cuanto mayor es la plantilla (70% para 20 o más empleados).

En resumen, los datos del 2024 para la Región de Murcia muestran una marcada dualidad en el proceso de adopción de tecnologías digitales e IA: por un lado, los emprendedores recientes (TEA) presentan niveles muy elevados de expectativas de adopción tecnológica, superando en muchos indicadores la media nacional, incluso en colectivos tradicionalmente menos digitalizados (como mayores de 55 años o personas con estudios primarios). Por otro, las empresas consolidadas murcianas mantienen un uso más moderado, en general por debajo del conjunto de España. Esta brecha interna se manifiesta tanto en términos de beneficios percibidos como de barreras anticipadas, y se observa también en las diferencias por género, edad, sector y tamaño empresarial registradas al analizar las expectativas de digitalización. En conjunto, el ecosistema emprendedor emergente en la Región de Murcia muestra una fuerte orientación hacia la digitalización, lo que plantea un escenario de transformación con un gran potencial, siempre que logre integrarse y consolidarse en las fases más maduras del tejido empresarial regional.

4.9 Orientación internacional

En 2024, la orientación internacional de las iniciativas emprendedoras en Murcia presenta señales mixtas. Entre las TEA, disminuye ligeramente el peso de quienes no exportan, aunque la orientación sigue siendo mayoritariamente nacional. Destaca el crecimiento del tramo medio (26–75 %), mientras que la proporción de iniciativas born-global se mantiene estable. En las empresas consolidadas, mejora la internacionalización: cae el porcentaje de no exportadoras y suben todos los niveles de exportación. Aunque todavía son mayoría las iniciativas centradas en el ámbito local, se aprecia un avance sostenido hacia los mercados exteriores.

En la Región de Murcia, los hombres emprenden con mayor orientación internacional que las mujeres, tanto en iniciativas recientes como consolidadas. En ambos casos, la diferencia supera los siete puntos porcentuales. Esta brecha de género refleja una tendencia ya observada a nivel nacional y plantea la necesidad de profundizar en los factores que limitan el acceso de las mujeres a mercados exteriores.

Gráfico 4.9.1
EVOLUCIÓN DE LA ORIENTACIÓN INTERNACIONAL

TEA

No exporta: 75% 79% 74% 69%
1-25%: 15% 17% 12% 9%
26-75%: 8% 2% 8% 18%
76-100%: 2% 2% 6% 4%

Consolidadas

No exporta: 69% 80% 80% 72%
1-25%: 22% 17% 13% 13%
26-75%: 3% 5% 9%
76-100%: 6% 3% 3% 5%

■ 2024 ■ 2023 ■ 2022 ■ 2021

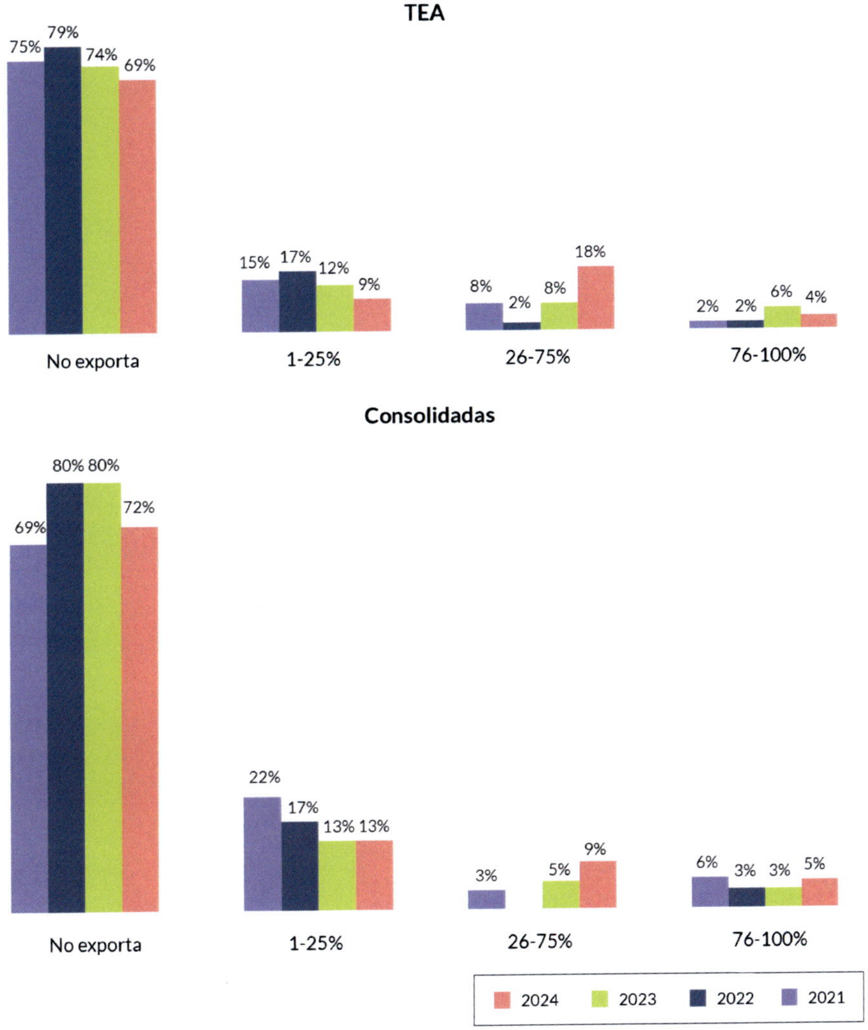

Fuente: GEM Murcia APS 2024

En la Región de Murcia, los emprendedores de 45 a 54 años lideran la orientación internacional en iniciativas recientes (TEA), con un 46,2 %. A diferencia del patrón nacional, donde destacan los más jóvenes, en Murcia los perfiles senior parecen asumir un mayor protagonismo exterior. En las empresas consolidadas, destaca el grupo de 18 a 24 años, con un 59,2 % de actividad exportadora, lo que sugiere la existencia de proyectos here-dados, apoyados o relanzados por jóvenes en mercados exteriores.

149

Gráfico 4.9.2
ORIENTACIÓN INTERNACIONAL EN FUNCIÓN DEL SEXO

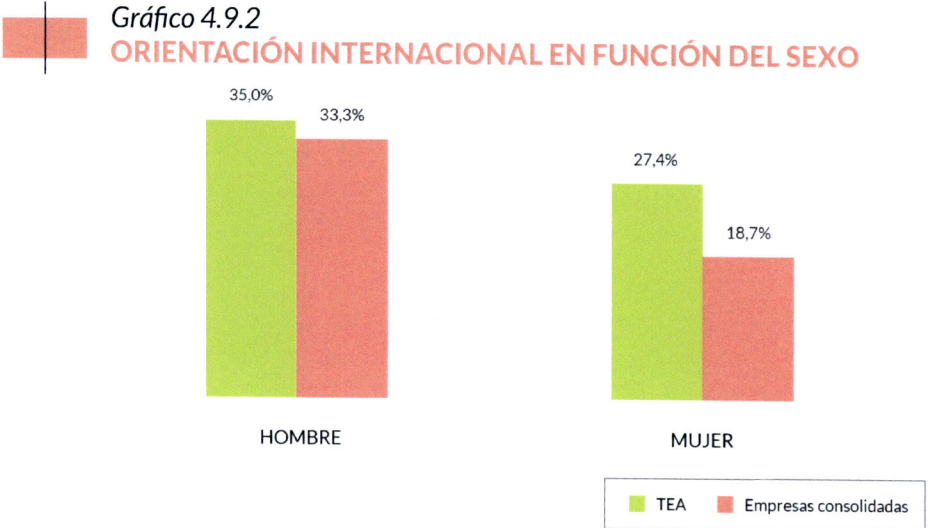

Fuente: GEM Murcia APS 2024

En 2024, la orientación internacional del emprendimiento en Murcia se asocia de forma clara con el nivel educativo. El 100 % de los emprendedores con doctorado —tanto en TEA como en empresas consolidadas— desarrollan iniciativas con actividad exportadora. También destacan quienes cuentan con máster en el caso de las TEA (45,5 %) y con grado universitario en las consolidadas (49,4 %). Esto refuerza la idea de que una mayor cualificación académica amplía las oportunidades de internacionalización, tanto por conocimientos como por contactos y habilidades estratégicas.

En Murcia, la orientación internacional está presente en alrededor de un tercio de las iniciativas emprendedoras, sin grandes diferencias entre sectores. Destacan ligeramente los sectores transformador y de servicios al consumidor, tanto en TEA como en consolidadas. Los servicios a empresas presentan menor peso exportador, especialmente entre las iniciativas consolidadas. Estos datos confirman que la internacionalización no es exclusiva de sectores tecnológicos o industriales, sino que también los servicios orientados al consumidor tienen una presencia destacada en mercados exteriores.

Gráfico 4.9.3
ORIENTACIÓN INTERNACIONAL EN FUNCIÓN DE LA EDAD

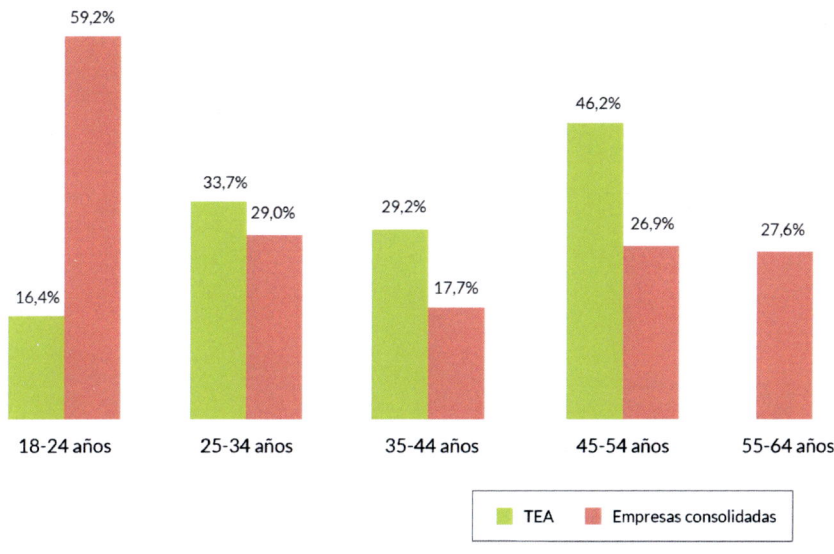

Fuente: GEM Murcia APS 2024

Gráfico 4.9.4
ORIENTACIÓN INTERNACIONAL EN FUNCIÓN DEL NIVEL EDUCATIVO

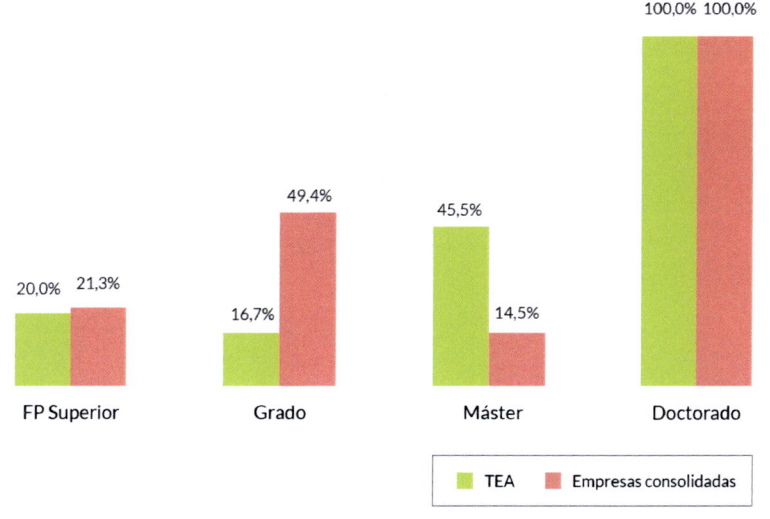

Fuente: GEM Murcia APS 2024

Gráfico 4.9.5
ORIENTACIÓN INTERNACIONAL EN FUNCIÓN DEL SECTOR

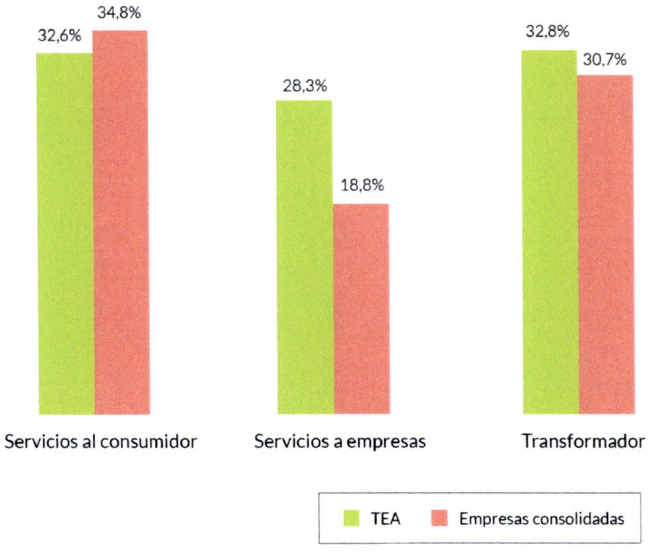

Fuente: GEM Murcia APS 2024

Gráfico 4.9.6
ORIENTACIÓN INTERNACIONAL EN FUNCIÓN DEL TAMAÑO

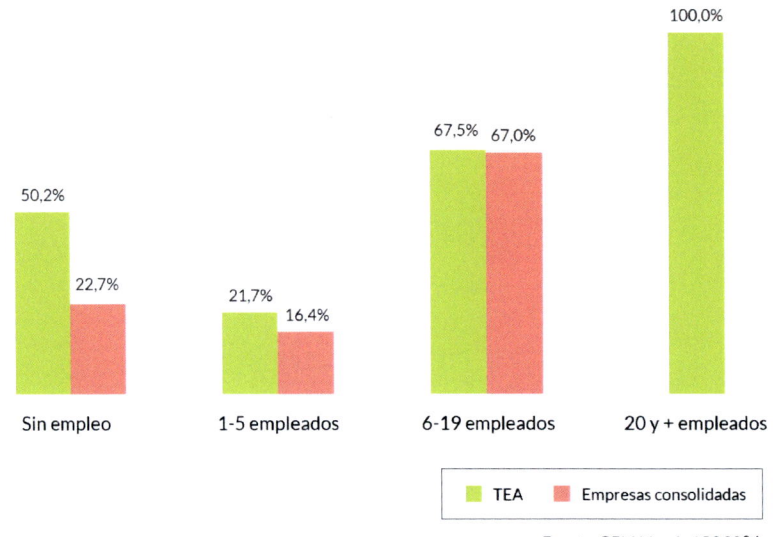

Fuente: GEM Murcia APS 2024

En Murcia, las iniciativas de mayor tamaño muestran una mayor orientación internacional, especialmente a partir de los 6 empleados. Sin embargo, en 2024 destaca un dato singular: más de la mitad de las TEA sin empleados exportan, lo que sugiere la existencia de modelos de negocio flexibles, digitales o basados en redes externas que permiten operar en mercados internacionales sin estructura propia. Este patrón es menos evidente en las consolidadas, donde la orientación exterior crece de forma más lineal con el tamaño.

En conjunto, los datos de 2024 reflejan una internacionalización aún limitada en el emprendimiento murciano, pero con señales de avance entre las empresas consolidadas, los emprendedores con mayor formación y aquellas iniciativas con estructuras más robustas.

4.10 Orientación a la sostenibilidad

La orientación hacia la sostenibilidad constituye un factor cada vez más relevante en el ecosistema emprendedor, tanto desde el punto de vista social como medioambiental. En la Región de Murcia, los resultados de 2024 reflejan que la mayoría de los emprendedores recientes (TEA) y una parte importante de las iniciativas consolidadas incorporan estos criterios en sus decisiones, aunque todavía no se trate de una prioridad plenamente consolidada (gráfico 4.10.1.).

En particular, el 70,9% de los TEA afirma considerar las implicaciones sociales en la toma de decisiones empresariales, frente al 58,6% de los emprendedores consolidados. Un patrón similar se observa en el ámbito medioambiental, donde el 64,2% de los TEA tiene en cuenta estas implicaciones frente al 60,2% de los consolidados. Estos datos muestran que los proyectos en fases iniciales integran la sostenibilidad con mayor intensidad en su planteamiento estratégico.

No obstante, cuando se analizan las acciones concretas, las diferencias se matizan. En materia de impacto social, tanto los TEA (55,8%) como las empresas consolidadas (56,4%) declaran haber tomado medidas, lo que indica un compromiso compartido. Sin embargo, en el ámbito medioambiental, las iniciativas consolidadas superan a los TEA en la implementación de medidas destinadas a minimizar su impacto. Esto refleja que, si bien los emprendedores recientes muestran mayor conciencia, son los negocios más estables los que logran transformar esa intención en acciones efectivas.

Por último, sensibilización hacia los ODS es más elevada entre los emprendedores recientes, lo que puede interpretarse como un cambio generacional en la manera de concebir el papel de la empresa en la sociedad.

En conjunto, los resultados reflejan una tendencia positiva: en la Región de Murcia, los emprendedores recientes presentan mayor conciencia social y ambiental, mientras que las iniciativas consolidadas destacan en la implementación práctica de medidas medioambientales. Esta combinación apunta a un ecosistema en transición hacia una sostenibilidad más integrada en la actividad empresarial, aunque aún con un amplio margen de consolidación.

El análisis de la orientación a la sostenibilidad según el sexo muestra diferencias significativas entre hombres y mujeres, tanto en los emprendimientos recientes (TEA) como en las iniciativas consolidadas (gráfico 4.10.2.).

En el caso de los TEA, a pesar de que los hombres presentan un mayor conocimiento que las mujeres de los ODS, son las mujeres las que destacan claramente por su mayor conciencia social y medioambiental en la toma de decisiones, además de priorizar el impacto social o ambiental de los negocios por encima de los hombres (59% frente a 32%). Este patrón evidencia que, en las fases iniciales, las emprendedoras presentan una mayor sensibilidad hacia la sostenibilidad en comparación con sus homólogos masculinos.

En cuanto a la implementación de medidas concretas, las diferencias se reducen ligeramente.

En el caso de las iniciativas consolidadas, la situación es distinta. Tanto hombres como mujeres declaran niveles similares en la consideración de aspectos sociales y medioambientales, mientras que son los hombres en mayor medida los que afirman haber tomado medidas para minimizar el impacto medioambiental.

En conjunto, los datos reflejan un patrón dual: en las fases iniciales, las mujeres emprendedoras muestran una mayor conciencia hacia la sostenibilidad, aunque con menor conocimiento de los ODS; mientras que, en las iniciativas consolidadas, se observa una mayor capacidad de implementación medioambiental en los hombres, manteniéndose un compromiso similar en las medidas sociales.

Gráfico 4.10.1
ORIENTACIÓN A LA SOSTENIBILIDAD EN LAS INICIATIVAS EMPRENDEDORAS

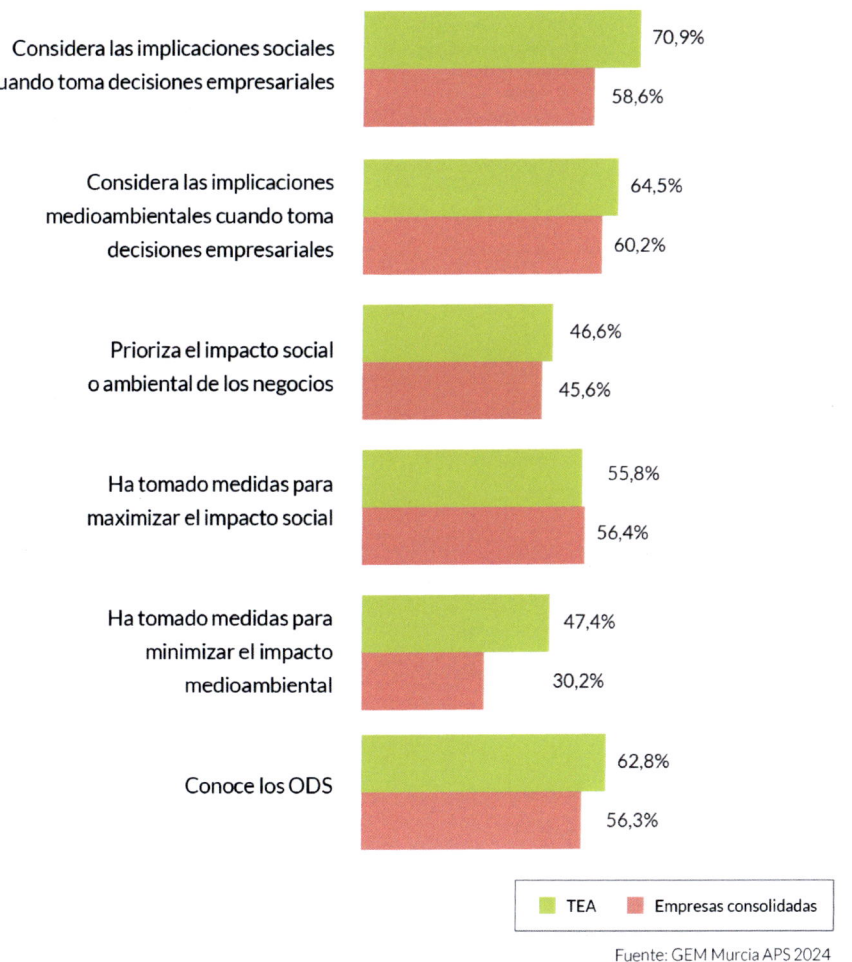

Fuente: GEM Murcia APS 2024

Gráfico 4.10.2
ORIENTACIÓN A LA SOSTENIBILIDAD EN FUNCIÓN DEL SEXO

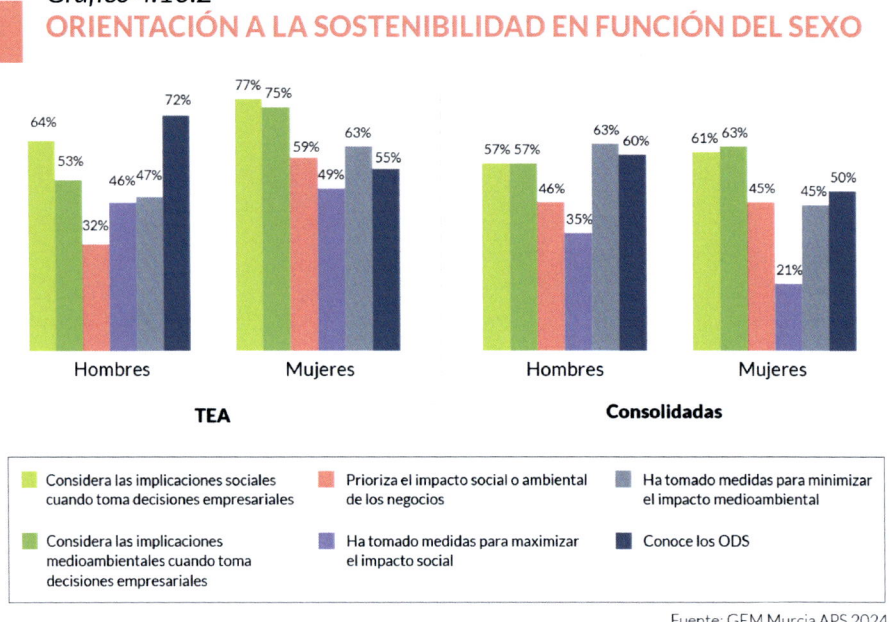

Fuente: GEM Murcia APS 2024

El análisis comparativo entre emprendedores recientes (TEA) e iniciativas consolidadas revela un patrón generacional diferenciado en la orientación hacia la sostenibilidad (gráfico 4.10.3.).

En los grupos más jóvenes, se observa que los nuevos proyectos emprendedores incorporan más la sostenibilidad en su visión estratégica, mientras que los consolidados jóvenes muestran un conocimiento formal de los ODS, pero con una integración menos sistemática en la gestión.

En los grupos intermedios (35-44 años), los TEA mantienen niveles algo más altos de conciencia que las iniciativas consolidadas, si bien en ambos casos los valores se reducen en comparación con los más jóvenes.

En los tramos de mayor edad (45-64 años), las diferencias se invierten: las iniciativas consolidadas superan a los TEA en la implementación práctica de medidas sociales y ambientales, alcanzando más del 70% en la consideración de aspectos sociales y medioambientales y superando el 60% en la adopción de medidas concretas. Por su parte, los TEA mayores (55-64 años) destacan por su plena conciencia (100%) en la consideración de estos aspectos, aunque con niveles más moderados en la aplicación práctica de medidas.

En conjunto, los resultados reflejan un patrón generacional complementario: los TEA jóvenes aportan una mayor conciencia y visión estratégica de sostenibilidad, mientras que las iniciativas consolidadas de mayor edad se caracterizan por una implementación más consistente y madura de medidas concretas en sus negocios.

Gráfico 4.10.3

ORIENTACIÓN A LA SOSTENIBILIDAD EN FUNCIÓN DE LA EDAD

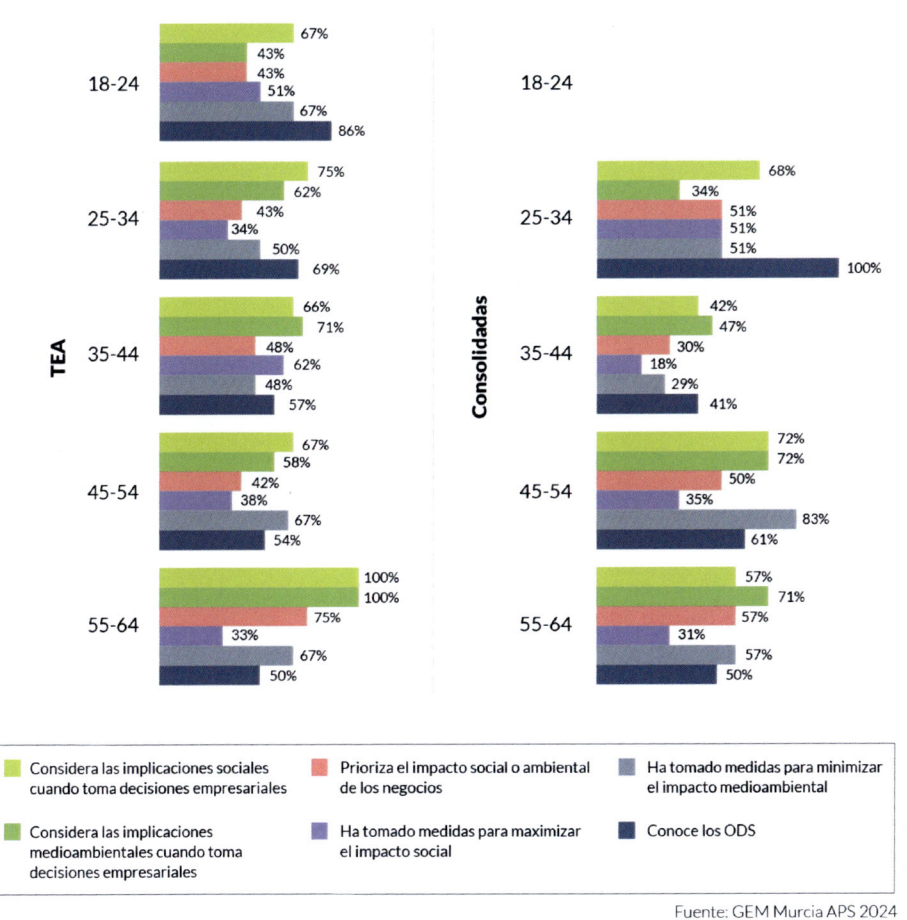

Fuente: GEM Murcia APS 2024

El nivel educativo de los emprendedores en la Región de Murcia influye en la forma de abordar la sostenibilidad (gráfico 4.10.4.), a diferencia de lo que se observa en el conjunto de España. Los resultados sugieren que la formación académica superior refuerza tanto la conciencia estratégica como la conexión con el conocimiento de los ODS.

Mientras que los emprendedores recientes universitarios integran la sostenibilidad de manera transversal desde el inicio de sus proyectos, en las iniciativas consolidadas el conocimiento académico se orienta más al plano conceptual (ODS), sin traducirse siempre en un compromiso proporcional en la práctica empresarial.

Destaca la diferencia en la implementación de medidas para minimizar el impacto medioambiental. En el nivel educativo de secundaria, son los emprendedores consolidados los que en mayor medida implementan soluciones (58% frente a 35% TEA) y en el nivel universitario se observa lo contrario, son los emprendedores recientes quienes más implementan medidas (78% frente al 53%).

Gráfico 4.10.4
ORIENTACIÓN A LA SOSTENIBILIDAD EN FUNCIÓN DEL NIVEL EDUCATIVO

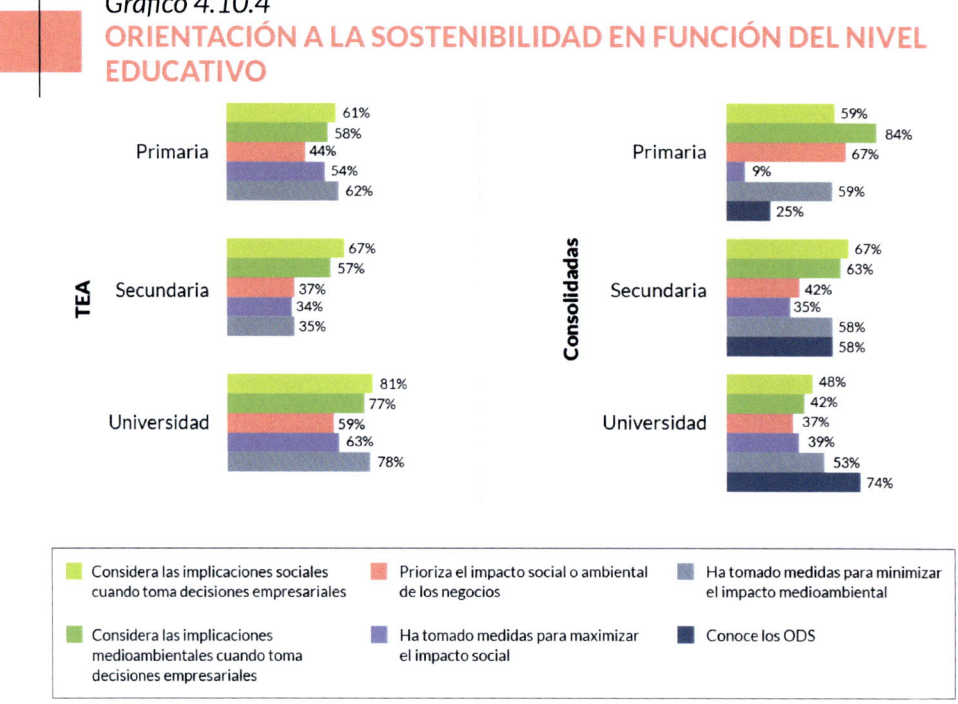

Fuente: GEM Murcia APS 2024

La orientación hacia la sostenibilidad presenta claras diferencias sectoria-les. En 2024, el sector extractivo destaca por sus elevados niveles de com-promiso, especialmente entre las iniciativas emprendedoras recientes, donde el 100% declara considerar las implicaciones sociales y medioam-bientales y conocer los ODS, niveles bastante por encima del conjunto de España (entre el 60% TEA y el 83% consolidadas). Entre las iniciativas con-solidadas, este sector también lidera la adopción de medidas concretas, por encima de los sectores transformador y de servicios, que muestran porcentajes más moderados. Estos resultados reflejan la importancia que la sostenibilidad tiene en actividades con mayor impacto ambiental, donde se convierte en un factor clave de legitimidad y diferenciación frente al entorno.

Gráfico 4.10.5
ORIENTACIÓN A LA SOSTENIBILIDAD EN FUNCIÓN DEL SECTOR

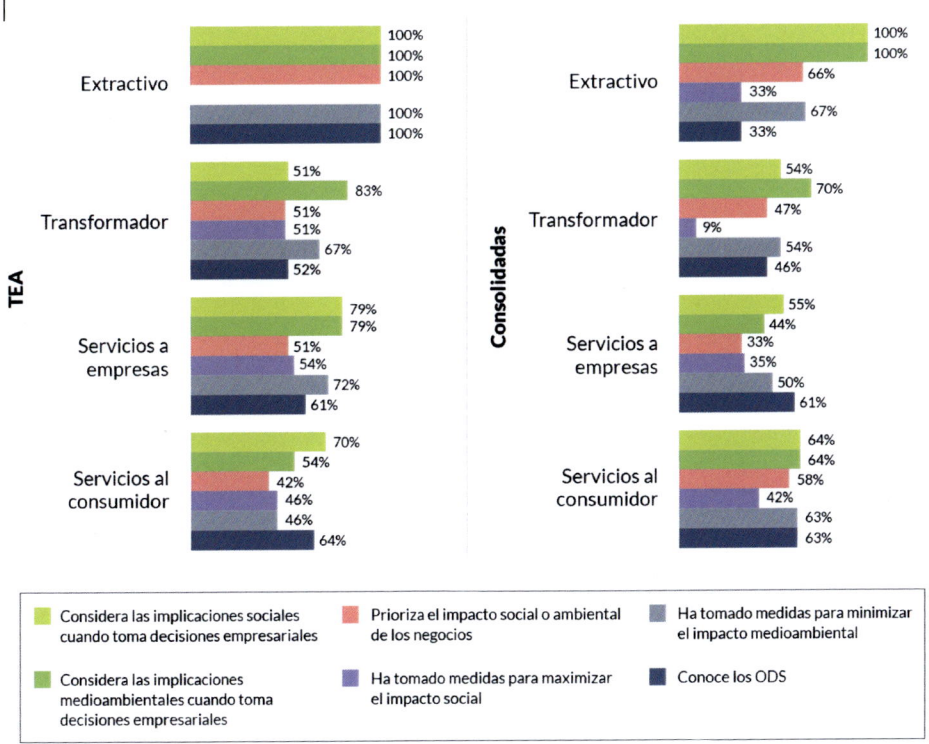

Fuente: GEM Murcia APS 2024

La orientación a la sostenibilidad también varía según el tamaño de las iniciativas emprendedoras, y, en términos generales, se observa que el tamaño empresarial es un factor clave en la incorporación de la sostenibilidad, siendo las iniciativas con mayor número de empleados las que muestran mayor compromiso con la sostenibilidad. Esta relación se observa claramente en el conjunto de España, mientras que presenta ciertos matices en la región de Murcia.

Gráfico 4.10.6

ORIENTACIÓN A LA SOSTENIBILIDAD EN FUNCIÓN DEL TAMAÑO

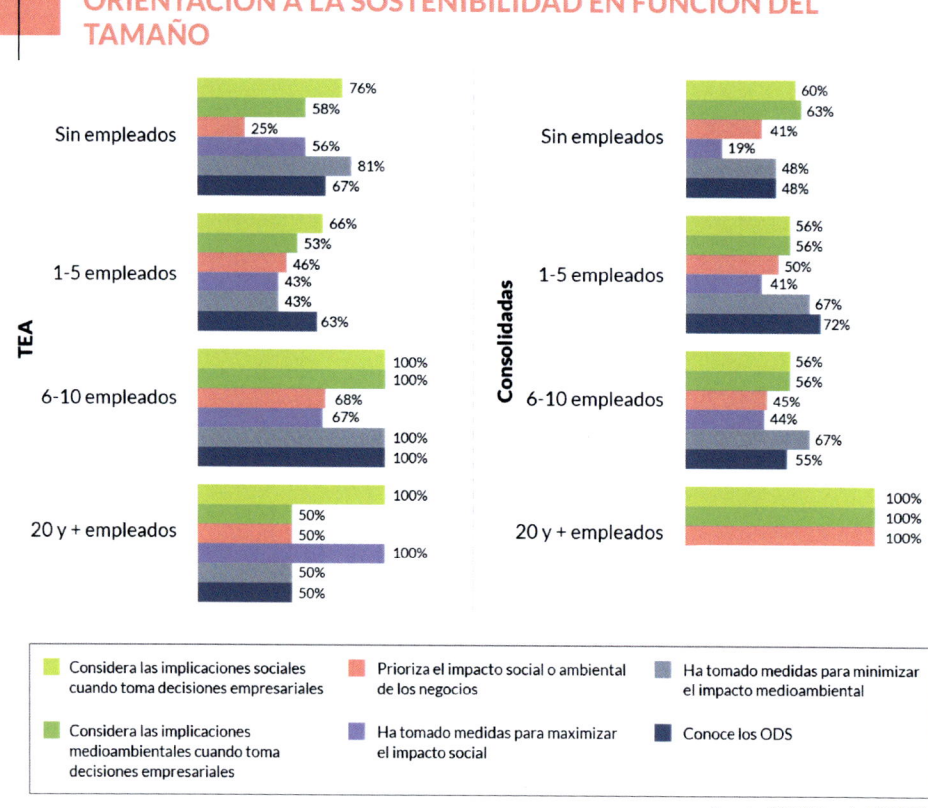

Fuente: GEM Murcia APS 2024

Así, son las iniciativas recientes (TEA) entre 6 y 9 empleados en las que se refleja que la sostenibilidad se integra de forma plena, alcanzando el 100% en la mayoría de los indicadores, mientras que las más grandes (más de 20 empleados) centran los esfuerzos en minimizar el impacto social. En contraste, las iniciativas más pequeñas (hasta 5 empleados) presentan niveles más moderados.

Entre las iniciativas consolidadas, las empresas más grandes son plenamente conscientes de la necesidad de incorporar las medidas sostenibles, aunque no las aplican. Son las empresas de tamaño medio (6-19 empleados) las que en mayor proporción toman medidas para minimizar el impacto social y medioambiental.

B

GLOSARIO

Glosario

TEA

(Total Early Stage Entrepreneurial Activity) o tasa de emprendedores con empresas en fase inicial o recientes (nacientes y nuevas) se calcula como el porcentaje de la población adulta (entre 18 y 64 años) en cada país/región/ciudad, propietarios o copropietarios fundadores de empresas de nueva creación que hayan persistido en el mercado por un periodo comprendido entre los 0 y 42 meses (3,5 años). Este indicador aglutina a los dos conceptos anteriores, por lo que, para realizar su cálculo definitivo, se eliminan las duplicaciones que puedan producirse en cuanto a aquellas personas adultas que estén implicadas al mismo tiempo en las dos tipologías de empresa (Naciente y Nueva).

TEA nacientes o tasa de personas emprendedoras con empresas nacientes

Se calcula como el porcentaje de la población adulta (entre 18 y 64 años) en cada país/región, propietarios o copropietarios fundadores de empresas de nueva creación con una vida inferior a los 3 meses, es decir, cuyo periodo de pago de salarios no exceda los 3 meses.

TEA nuevas o tasa de personas emprendedoras con empresas nuevas

Representa el porcentaje de la población adulta (entre 18 y 64 años) en cada país/región/ciudad, propietarios o copropietarios fundadores de aquellas empresas cuya actividad emprendedora haya supuesto el pago de salarios por un periodo entre 3 y 42 meses.

Tasa de empresarios con empresas consolidadas

Representa el porcentaje de la población adulta (entre 18 y 64 años) en cada país/región/ciudad, fundadores de empresas cuya actividad haya supuesto el pago de salarios por un periodo superior a los 42 meses.

Variable abandonos de empresa

Refleja el porcentaje de población adulta (entre 18 y 64 años) en cada país/ región/ciudad que declararon haber cerrado o traspasado un negocio en los últimos 12 meses.

Inversores informales

Se consideran aquellas personas que han invertido en otros negocios en los últimos 3 años, siendo ajenas a estos negocios y sin valerse de un mecanismo contractual o institucional (se excluyen las inversiones en bolsa, fondos de inversión...)

NECI

Conjunto de indicadores del contexto de emprendimiento nacional.

C

BENCHMARKING

Benchmarking

Tabla 1

POSICIONAMIENTO DE ESPAÑA A NIVEL INTERNACIONAL EN FUNCIÓN DE LA PERCEPCIÓN DE OPORTUNIDADES Y CONOCIMIENTOS Y HABILIDADES PARA EMPRENDER

Actitudes

	Percepción de oportunidades	Conocimientos y habilidades	Miedo al fracaso como obstáculo para...	Modelos de referencia	Facilidad de iniciar un negocio	Emprender como una buena opción profesional	Emprender brinda un estatus social y...	Modelos de referencia
GRUPO A								
Media Grupo A	**52,5 %**	**54,3 %**	**48,6 %**	**54,9 %**	**53,0 %**	**65,2 %**	**77,6 %**	**70,2 %**
Estados Unidos	59,3 %	55,7 %	49,5 %	53,0 %	57,2 %	82,3 %	83,6 %	84,0 %
Francia	42,8 %	45,0 %	53,7 %	55,6 %	48,8 %	68,9 %	58,0 %	71,6 %
España	29,3 %	48,1 %	52,1 %	46,6 %	26,9 %	44,1 %	56,8 %	45,5 %
Italia	35,2 %	55,1 %	51,0 %	49,5 %	21,9 %	68,5 %	65,7 %	63,3 %
Suiza	48,7 %	44,4 %	47,6 %	56,2 %	66,1 %	35,9 %	78,1 %	60,4 %
Austria	46,0 %	55,4 %	43,8 %	52,3 %	46,8 %	51,1 %	76,2 %	65,3 %
Reino Unido	49,5 %	54,4 %	57,3 %	53,1 %	58,6 %	70,5 %	80,1 %	76,7 %
Suecia	66,2 %	46,3 %	45,8 %	53,3 %	78,4 %			
Noruega	62,0 %	49,9 %	39,1 %	47,5 %	74,1 %	50,5 %	82,1 %	70,2 %
Alemania	42,7 %	41,1 %	48,8 %	40,3 %	32,9 %	56,0 %	81,5 %	50,3 %
Corea del Sur	40,1 %	57,0 %	35,9 %	36,9 %	40,2 %	59,0 %	89,0 %	67,8 %
Canadá	61,3 %	58,9 %	52,6 %	58,1 %	53,2 %	75,9 %	82,6 %	79,9 %
Luxemburgo	47,7 %	48,8 %	48,3 %	47,6 %	61,0 %	58,4 %		59,6 %
Chipre	40,2 %	59,9 %	58,0 %	68,3 %	47,8 %	76,9 %	70,9 %	69,5 %
Lituania	50,6 %	55,6 %	47,7 %	71,1 %	40,8 %	70,7 %	58,9 %	75,1 %
Eslovenia	56,2 %	66,4 %	46,8 %	57,6 %	71,6 %	66,1 %	87,5 %	84,2 %
Taiwan	52,8 %	37,9 %	43,6 %	32,0 %	43,3 %	50,2 %	65,0 %	72,8 %
Arabia Saudí	95,0 %	92,6 %	57,0 %	94,4 %	93,2 %	95,8 %	96,0 %	93,9 %
Emirátos Árabes	71,9 %	67,8 %	43,5 %	64,5 %	76,0 %	80,6 %	86,6 %	86,0 %
Israel	38,4 %	34,5 %	53,9 %	67,0 %	15,7 %	66,9 %	86,7 %	52,1 %
Catar	66,4 %	64,3 %	43,7 %	46,9 %	59,5 %	75,5 %	88,3 %	76,2 %

Evolución y claves de la actividad emprendedora en la Región

	Percepción de oportunidades	Conocimientos y habilidades	Miedo al fracaso como obstáculo para...	Modelos de referencia	Facilidad de iniciar un negocio	Emprender como una buena opción profesional	Emprender brinda un estatus social y...	Modelos de referencia
GRUPO B								
Media Grupo B	**61,3 %**	**69,3 %**	**51,4 %**	**55,2 %**	**49,7 %**	**79,3 %**	**80,0 %**	**75,4 %**
Grecia	38,7 %	53,4 %	60,4 %	31,5 %	30,4 %	76,0 %	70,2 %	56,1 %
Hungría	32,3 %	35,8 %	42,1 %	46,7 %	43,2 %	64,8 %	65,0 %	64,9 %
Rumanía	60,0 %	53,1 %	67,2 %	46,7 %	34,6 %	87,2 %	89,3 %	79,1 %
Polonia	73,7 %	47,7 %	55,0 %	46,8 %	83,4 %	43,0 %	63,4 %	38,2 %
Chile	60,2 %	69,9 %	50,2 %	70,4 %	49,3 %	70,5 %	60,8 %	70,6 %
Letonia	40,5 %	54,0 %	45,4 %	48,2 %	34,2 %	55,2 %	60,0 %	59,3 %
Estonia	45,8 %	44,7 %	53,6 %	43,8 %	72,6 %	55,1 %	69,7 %	58,6 %
Croacia	67,3 %	73,8 %	49,5 %	73,6 %	44,1 %	66,0 %	60,2 %	70,8 %
Eslovaquia	38,8 %	52,4 %	40,8 %	62,3 %	32,6 %	37,7 %	56,8 %	48,3 %
Puerto Rico	62,0 %	76,1 %	45,8 %	76,8 %	30,8 %			
Omán	73,8 %	70,1 %	34,9 %	56,3 %	50,6 %	81,2 %	85,5 %	71,5 %
México	59,1 %	66,6 %	41,8 %	57,7 %	47,3 %	61,3 %	62,7 %	64,1 %
Argentina	57,0 %	74,8 %	28,9 %	54,6 %	34,9 %			
Venezuela	60,4 %	82,1 %	32,4 %	44,8 %	44,4 %			
Bielorrusia	46,9 %	52,1 %	52,1 %		48,1 %	78,7 %	78,4 %	65,2 %
Serbia	44,3 %	62,7 %	54,6 %	64,6 %	37,0 %	74,3 %	79,5 %	77,3 %
Bosnia y Herzegovina	55,1 %	73,3 %	55,0 %	81,3 %	31,9 %	65,8 %	75,8 %	67,2 %
Costa Rica	61,9 %	75,4 %	38,0 %	71,5 %	36,1 %	66,9 %	56,6 %	81,0 %
Kazajistán	64,4 %	40,6 %	45,0 %	73,0 %	42,0 %	75,3 %	83,5 %	72,4 %
GRUPO C								
Media Grupo C	**47,4 %**	**52,0 %**	**50,6 %**	**52,3 %**	**47,3 %**	**61,5 %**	**68,1 %**	**62,3 %**
Egipto	61,1 %	60,5 %	47,9 %	26,8 %	65,4 %	77,5 %	81,7 %	75,9 %
India	83,6 %	85,4 %	65,0 %	51,5 %	85,1 %	90,9 %	93,5 %	89,2 %
Marruecos	62,6 %	74,6 %	50,0 %	78,2 %	42,2 %	78,2 %	84,1 %	81,8 %
Jordania	52,7 %	72,3 %	49,8 %	54,7 %	39,9 %	83,7 %	89,6 %	84,0 %
Brasil	64,5 %	67,4 %	52,2 %	74,1 %	46,1 %			
Tailandia	78,2 %	78,3 %	51,2 %	31,8 %	71,7 %	88,7 %	91,9 %	92,9 %
China	54,8 %	48,5 %	67,8 %	46,4 %	19,3 %	64,0 %	80,8 %	75,0 %
Armenia	51,4 %	59,6 %	47,2 %	48,8 %	47,0 %	87,6 %	74,0 %	76,0 %
Ucrania	36,2 %	53,0 %	51,8 %	54,6 %	39,3 %	70,3 %	69,0 %	56,5 %
Guatemala	75,1 %	79,3 %	42,5 %	71,6 %	48,4 %	93,9 %	80,2 %	60,9 %
Ecuador	54,4 %	83,9 %	39,9 %	68,9 %	42,2 %	58,5 %	55,4 %	62,3 %
MEDIA UE	**47,4 %**	**52,0 %**	**50,6 %**	**52,3 %**	**47,3 %**	**61,5 %**	**68,1 %**	**62,3 %**

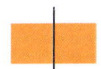

Tabla 2
POSICIONAMIENTO DE LA REGIÓN DE MURCIA EN FUNCIÓN DE LA PERCEPCIÓN DE OPORTUNIDADES Y CONOCIMIENTOS Y HABILIDADES PARA EMPRENDER

	Percepción de oportunidades	Conocimientos y habilidades	Miedo al fracaso como obstáculo para...	Modelos de referencia	Emprender como una buena opción profesional	Emprender brinda un estatus social y económico	Medios de comunicación y emprendimiento	Facilidad de iniciar un negocio
Media España	29 %	48 %	52 %	47 %	44 %	57 %	45 %	27 %
Andalucía	30 %	46 %	52 %	46 %	44 %	55 %	42 %	26 %
Aragón	34 %	53 %	51 %	42 %	41 %	52 %	48 %	28 %
Asturias	25 %	48 %	55 %	40 %	34 %	49 %	40 %	21 %
Islas Baleares	34 %	44 %	54 %	56 %	46 %	58 %	43 %	27 %
Canarias	30 %	42 %	52 %	44 %	45 %	56 %	44 %	26 %
Cantabria	28 %	51 %	53 %	38 %	41 %	51 %	37 %	22 %
Castilla y León	19 %	48 %	53 %	42 %	34 %	51 %	37 %	17 %
Castilla - La Mancha	25 %	49 %	55 %	43 %	41 %	52 %	38 %	26 %
Cataluña	28 %	54 %	52 %	49 %	46 %	55 %	57 %	22 %
C. Valenciana	30 %	41 %	51 %	49 %	50 %	68 %	38 %	27 %
Extremadura	27 %	47 %	50 %	47 %	39 %	49 %	37 %	23 %
Galicia	28 %	49 %	53 %	45 %	44 %	54 %	47 %	27 %
C. de Madrid	33 %	53 %	51 %	49 %	43 %	58 %	48 %	36 %
Murcia	31 %	50 %	55 %	44 %	42 %	68 %	45 %	30 %
Navarra	29 %	48 %	51 %	37 %	55 %	52 %	58 %	28 %
País Vasco	33 %	47 %	49 %	49 %	47 %	58 %	47 %	34 %
La Rioja	28 %	40 %	55 %	35 %	46 %	55 %	46 %	31 %

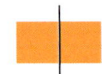

Tabla 3

PORCENTAJE DE EMPRENDEDORES POTENCIALES, RECIENTES (TEA), EMPRESAS CONSOLIDADAS, ABANDONOS, CIERRES Y CONTINUACIÓN DE LA ACTIVIDAD EMPRESARIAL. COMPARACIÓN INTERNACIONAL

GRUPO A	Emprendedor Potencial	TEA	Empresas Consolidadas	Abandono Empresarial	Continúa	Cierres
Media Grupo A	**23,5 %**	**11,5 %**	**7,5 %**	**5,7 %**	**3,6 %**	**2,1 %**
Alemania	15,6 %	9,8 %	6,0 %	5,4 %	3,4 %	2,1 %
Arabia Saudí	36,5 %	26,4 %	19,4 %	9,2 %	4,4 %	4,8 %
Austria	7,5 %	6,6 %	7,9 %	4,1 %	2,6 %	1,6 %
Canadá	32,2 %	25,4 %	5,8 %	10,4 %	6,2 %	4,2 %
Catar	62,1 %	7,6 %	3,3 %	8,4 %	6,7 %	1,8 %
Chipre	25,8 %	9,7 %	8,4 %	3,6 %	2,7 %	0,9 %
Corea del Sur	32,9 %	11,7 %	22,3 %	2,9 %	2,4 %	0,5 %
Emirátos Árabes	46,2 %	13,6 %	3,1 %	9,5 %	5,2 %	4,3 %
Eslovenia	18,6 %	8,6 %	8,7 %	4,1 %	3,1 %	1,0 %
España	11,2 %	7,2 %	6,8 %	3,5 %	2,2 %	1,3 %
Estados Unidos	23,0 %	19,3 %	6,6 %	7,9 %	4,5 %	3,4 %
Francia	17,2 %	8,7 %	4,5 %	4,3 %	2,6 %	1,7 %
Israel	18,9 %	8,4 %	3,6 %	4,2 %	3,0 %	1,1 %
Italia	22,6 %	9,6 %	6,9 %	5,1 %	3,4 %	1,7 %
Lituania	25,5 %	11,6 %	3,2 %	10,3 %	7,1 %	3,2 %
Luxemburgo	20,8 %	9,9 %	4,4 %	5,0 %	3,2 %	1,9 %
Noruega	12,7 %	10,0 %	6,1 %	3,2 %	2,2 %	1,1 %
Reino Unido	21,9 %	14,2 %	9,8 %	8,5 %	4,2 %	4,3 %
Suecia	13,0 %	8,4 %	5,1 %	3,9 %	2,6 %	1,3 %
Suiza	15,2 %	9,9 %	7,2 %	2,7 %	1,4 %	1,3 %
Taiwan	15,2 %	5,6 %	8,2 %	2,6 %	1,6 %	0,9 %
MEDIA UE	16,6 %	8,9 %	7,0 %	4,2 %	2,8 %	1,3 %

GRUPO B	Emprendedor Potencial	TEA	Empresas Consolidadas	Abandono Empresarial	Continúa	Cierres
Media Grupo B	**25,8 %**	**13,0 %**	**5,9 %**	**5,5 %**	**3,7 %**	**1,9 %**
Argentina	22,3 %	23,4 %	6,4 %	6,7 %	4,2 %	2,5 %
Bielorrusia	38,7 %	16,6 %	5,1 %	8,2 %	5,4 %	2,7 %
Bosnia y Herzegovina	39,0 %	22,7 %	5,9 %	5,1 %	2,4 %	2,8 %
Chile	43,1 %	27,2 %	8,1 %	10,0 %	6,4 %	3,7 %
Costa Rica	45,3 %	5,1 %	2,0 %	6,7 %	4,8 %	1,9 %
Croacia	29,9 %	13,1 %	4,4 %	3,7 %	2,1 %	1,6 %
Eslovaquia	16,3 %	11,5 %	5,0 %	4,8 %	3,1 %	1,7 %
Estonia	18,6 %	13,4 %	6,5 %	4,8 %	3,8 %	1,0 %
Grecia	8,4 %	5,5 %	14,8 %	1,7 %	1,1 %	0,6 %
Hungría	9,9 %	6,7 %	6,9 %	2,2 %	1,7 %	0,5 %
Kazajistán	18,5 %	9,6 %	2,6 %	5,6 %	4,2 %	1,4 %
Letonia	26,1 %	12,1 %	8,9 %	3,3 %	2,6 %	0,7 %
México	27,7 %	15,0 %	3,3 %	8,0 %	5,5 %	2,5 %
Omán	41,4 %	9,2 %	4,4 %	10,5 %	7,4 %	3,1 %
Polonia	3,2 %	2,5 %	12,8 %	3,3 %	2,4 %	0,9 %
Puerto Rico	46,5 %	24,3 %	4,6 %	10,6 %	5,7 %	4,9 %
Rumanía	8,1 %	5,0 %	4,2 %	1,7 %	1,5 %	0,1 %
Serbia	24,5 %	11,7 %	4,2 %	4,3 %	2,0 %	2,3 %
Venezuela	21,8 %	11,7 %	1,8 %	3,6 %	3,3 %	0,3 %

GRUPO C	Emprendedor Potencial	TEA	Empresas Consolidadas	Abandono Empresarial	Continúa	Cierres
Media Grupo C	**36,0 %**	**16,7 %**	**8,1 %**	**7,7 %**	**5,3 %**	**2,5 %**
Armenia	42,2 %	17,6 %	10,8 %	5,3 %	4,0 %	1,3 %
Brasil	50,9 %	20,3 %	13,2 %	11,0 %	7,4 %	3,6 %
China	7,8 %	5,4 %	4,5 %	2,7 %	2,0 %	0,7 %
Ecuador	37,7 %	33,4 %	13,3 %	13,5 %	9,5 %	4,0 %
Egipto	41,3 %	5,1 %	3,3 %	5,9 %	5,1 %	0,8 %
Guatemala	46,4 %	23,7 %	14,2 %	7,3 %	5,6 %	1,7 %
India	29,6 %	12,2 %	6,0 %	2,9 %	2,0 %	0,9 %
Jordania	56,8 %	21,1 %	4,8 %	11,5 %	9,1 %	2,3 %
Marruecos	16,8 %	12,5 %	2,7 %	5,3 %	3,3 %	1,9 %
Tailandia	36,4 %	19,7 %	11,8 %	11,1 %	4,6 %	6,4 %
Ucrania	30,6 %	12,8 %	4,8 %	8,7 %	5,4 %	3,3 %

Tabla 4

PORCENTAJE DE EMPRENDEDORES POTENCIALES, RECIENTES (TEA), EMPRESAS CONSOLIDADAS, ABANDONOS, CIERRES Y CONTINUACIÓN DE LA ACTIVIDAD EMPRESARIAL. COMPARACIÓN INTERNACIONAL

GRUPO A	Emprend. Potencial	Emprend. Naciente	Emprend. Nuevo	TEA	Empresas Consolidadas	Abandono Empresarial	Continúa	Cierres
Media España	**11,2 %**	**4,5 %**	**3,3 %**	**7,2 %**	**6,8 %**	**3,5 %**	**2,2 %**	**1,3 %**
Andalucía	9,9 %	4,8 %	2,6 %	7,0 %	6,3 %	2,7 %	1,6 %	1,1 %
Aragón	7,3 %	3,8 %	3,3 %	6,5 %	7,0 %	2,9 %	1,5 %	1,3 %
Asturias	6,5 %	2,8 %	2,7 %	5,2 %	6,7 %	2,5 %	1,8 %	0,7 %
Islas Baleares	10,1 %	4,1 %	4,0 %	7,5 %	6,7 %	2,7 %	1,6 %	1,1 %
Canarias	9,1 %	3,3 %	1,8 %	4,5 %	3,8 %	2,0 %	1,1 %	0,9 %
Cantabria	7,7 %	2,6 %	3,8 %	6,0 %	7,2 %	1,5 %	1,0 %	0,5 %
Castilla y León	9,6 %	4,5 %	2,6 %	6,5 %	6,3 %	3,0 %	1,8 %	1,2 %
Castilla - La Mancha	12,2 %	4,8 %	2,9 %	7,2 %	7,2 %	2,9 %	1,8 %	1,2 %
Cataluña	15,4 %	5,1 %	4,3 %	8,6 %	7,6 %	4,4 %	2,8 %	1,6 %
C. Valenciana	16,4 %	4,3 %	4,3 %	8,2 %	7,1 %	2,8 %	1,8 %	1,0 %
Extremadura	8,7 %	3,9 %	2,2 %	5,7 %	5,7 %	2,2 %	1,8 %	0,4 %
Galicia	9,9 %	4,2 %	2,6 %	6,5 %	7,0 %	2,1 %	1,2 %	0,9 %
C. de Madrid	11,8 %	6,1 %	3,8 %	9,2 %	7,9 %	7,1 %	4,8 %	2,3 %
Murcia	10,3 %	3,8 %	2,5 %	6,1 %	5,5 %	2,4 %	1,6 %	0,8 %
Navarra	7,0 %	2,9 %	3,0 %	5,4 %	8,0 %	2,4 %	1,7 %	0,7 %
País Vasco	6,8 %	2,9 %	3,6 %	6,0 %	5,8 %	1,7 %	0,9 %	0,7 %
La Rioja	4,9 %	1,8 %	1,5 %	3,3 %	6,5 %	1,5 %	0,8 %	0,7 %

Tabla 5

PORCENTAJE DE EMPRENDEDORES RECIENTES (TEA) EN FUNCIÓN DEL SECTOR, TAMAÑO Y NIVEL TECNOLÓGICO. COMPARACIÓN INTERNACIONAL

GRUPO A	DISTRIBUCIÓN SECTORIAL				EXPECTATIVAS		ORIENTACIÓN INNOVADORA
	Extractivo	Transformador	Servicios a empresas	Servicios al consumidor	(+) de 19 empleados en los próximos 5 años	Más del 25% de clientes en el extranjero	Nivel tecnológico medio-alto
Media Grupo A	**3%**	**18 %**	**28 %**	**52 %**	**2 %**	**19 %**	**8 %**
Alemania	3 %	16 %	40 %	41 %	1 %	26 %	11 %
Arabia Saudí	0 %	14 %	6 %	80 %	7 %	8 %	2 %
Austria	2 %	8 %	31 %	59 %	0 %	21 %	7 %
Canadá	2 %	19 %	21 %	58 %	4 %	22 %	6 %
Catar	1 %	18 %	30 %	51 %	3 %	21 %	8 %
Chipre	3 %	22 %	32 %	43 %	1 %	18 %	8 %
Corea del Sur	0 %	23 %	12 %	64 %	0 %	1 %	7 %
Emirátos Árabes	0 %	18 %	19 %	62 %	8 %	35 %	6 %
Eslovenia	3 %	22 %	44 %	31 %	1 %	22 %	14 %
España	4 %	15 %	31 %	50 %	0 %	18 %	11 %
Estados Unidos	2 %	19 %	24 %	55 %	5 %	17 %	7 %
Francia	5 %	20 %	31 %	44 %	1 %	14 %	9 %
Israel		14 %	38 %	49 %	0 %	14 %	7 %
Italia	6 %	18 %	26 %	50 %	1 %	23 %	6 %
Lituania	2 %	26 %	18 %	54 %	1 %	8 %	3 %
Luxemburgo	1 %	15 %	40 %	44 %	1 %	40 %	11 %
Noruega	7 %	20 %	38 %	35 %	2 %	13 %	9 %
Reino Unido		19 %	25 %	56 %	2 %	25 %	10 %
Suecia	6 %	15 %	34 %	44 %	1 %	20 %	9 %
Suiza	2 %	13 %	28 %	57 %	1 %	24 %	13 %
Taiwan	2 %	18 %	17 %	64 %	1 %	9 %	11 %
MEDIA UE	5 %	20 %	29 %	45 %	1 %	19 %	8 %

Evolución y claves de la actividad emprendedora en la Región

GRUPO B	DISTRIBUCIÓN SECTORIAL				EXPECTATIVAS		ORIENTACIÓN INNOVADORA
	Extractivo	Transformador	Servicios a empresas	Servicios al consumidor	(+) de 19 empleados en los próximos 5 años	Más del 25% de clientes en el extranjero	Nivel tecnológico medio-alto
Media Grupo B	**5 %**	**22 %**	**19 %**	**54 %**	**1 %**	**13 %**	**7 %**
Argentina	1 %	24 %	16 %	59 %	1 %	6 %	5 %
Bielorrusia	4 %	35 %	19 %	42 %	2 %	24 %	7 %
Bosnia y Herzegovina	10 %	21 %	22 %	46 %	2 %	27 %	7 %
Chile	3 %	26 %	24 %	48 %	3 %	4 %	10 %
Costa Rica	2 %	14 %	10 %	74 %	0 %	3 %	
Croacia	9 %	23 %	42 %	26 %	1 %	22 %	8 %
Eslovaquia	1 %	16 %	29 %	54 %	1 %	11 %	9 %
Estonia	5 %	27 %	30 %	38 %	1 %	32 %	16 %
Grecia	7 %	26 %	14 %	53 %	0 %	24 %	7 %
Hungría	13 %	26 %	24 %	38 %	1 %	11 %	5 %
Kazajistán	6 %	19 %	7 %	69 %	1 %	10 %	
Letonia	8 %	28 %	21 %	43 %	1 %	28 %	8 %
México	0 %	9 %	7 %	84 %	1 %	4 %	2 %
Omán	2 %	15 %	19 %	64 %	1 %	12 %	2 %
Polonia	2 %	23 %	26 %	49 %	0 %	4 %	6 %
Puerto Rico	1 %	16 %	20 %	62 %	2 %	14 %	5 %
Rumanía	12 %	21 %	12 %	55 %	0 %	9 %	7 %
Serbia	7 %	25 %	20 %	49 %	0 %	11 %	8 %
Venezuela	3 %	22 %	4 %	71 %	0 %	3 %	1 %

GRUPO C	Extractivo	Transformador	Servicios a empresas	Servicios al consumidor	(+) de 19 empleados en los próximos 5 años	Más del 25% de clientes en el extranjero	Nivel tecnológico medio-alto
Media Grupo C	**7 %**	**20 %**	**9 %**	**64 %**	**2 %**	**8 %**	**3 %**
Armenia	21 %	26 %	12 %	41 %	2 %	23 %	5 %
Brasil	4 %	27 %	17 %	52 %	2 %	2 %	6 %
China	1 %	18 %	10 %	71 %	1 %	3 %	6 %
Ecuador	1 %	14 %	4 %	81 %	1 %	1 %	1 %
Egipto	6 %	22 %	12 %	60 %	1 %	11 %	4 %
Guatemala	5 %	17 %	7 %	71 %	2 %	1 %	2 %
India	20 %	21 %	4 %	56 %	0 %	0 %	2 %
Jordania	6 %	23 %	9 %	61 %	1 %	8 %	4 %
Marruecos	2 %	15 %	7 %	76 %	2 %	8 %	1 %
Tailandia	5 %	13 %	5 %	78 %	4 %	14 %	1 %
Ucrania	8 %	23 %	14 %	54 %	2 %	18 %	7 %

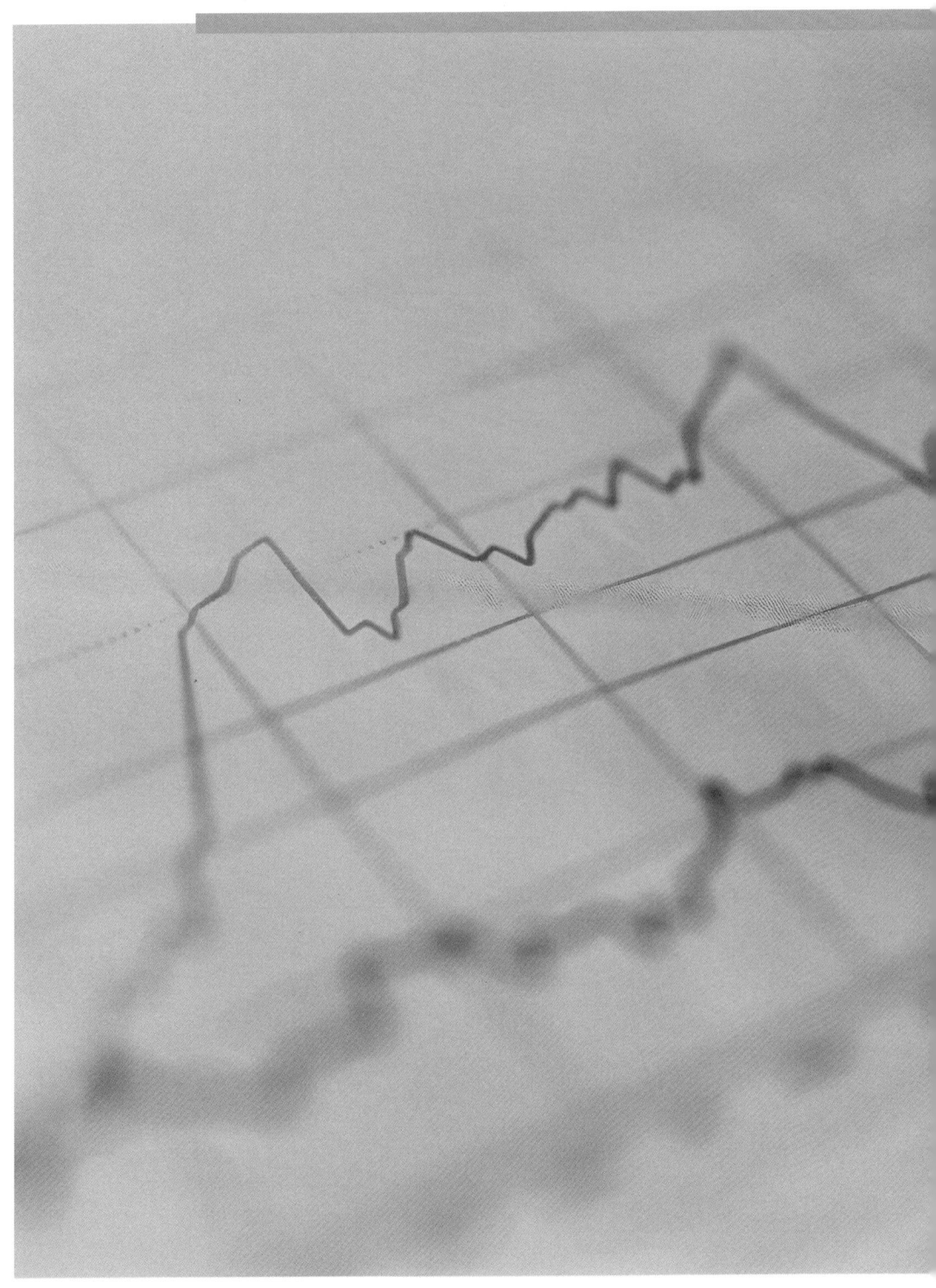

D
RELACIÓN DE EQUIPOS GEM EN ESPAÑA

Relación de equipos GEM en España

Unidad	Institución
Nacional	Observatorio del Emprendimiento de España ENISA (Empresa Nacional de Innovación S.A.)

Miembros

Ana Fernández-Laviada *(Presidenta Ejecutiva del Observatorio)*
Ignacio Mira Solves *(Director GEM España)*
Nuria Calvo Babío *(Directora Técnica GEM España)*
Paula San Martín Espina *(Secretaria del Observatorio)*
Ariadna Monje Amor y Yago Atrio Lema
(Equipo Dirección Técnica GEM España)
María del Mar Fuentes Fuentes, Ignacio Mira Solves
y María Saiz Santos *(Comité de Dirección del Observatorio)*
Sebastián Pérez Vides *(Responsable de Comunicación del Observatorio)*
Javier Melero Rus *(Responsable web del Observatorio)*

Colaboradores

Observatorio del Emprendimiento de España (OEE)
ENISA
Observatorio Mapfre de Finanzas Sostenibles
Fundación Rafael del Pino

Unidad	Institución
Andalucía	Observatorio del Ecosistema Emprendedor de Andalucía

Miembros

María Jesús Hernández Ortiz *(Presidenta)*
María del Mar Fuentes Fuentes *(Vicepresidenta)*
Alfonso M. Márquez García *(Secretario)*
Francisco Liñán *(Director Técnico)*
José Ruiz Navarro
Carmen Cabello Medina
Carmen Camelo Ordaz
Carlos J. Cano Guillén
Emilio Morales Fernández
José Manuel Sánchez Vázquez
Nuria Toledano Garrido
Rafael Ventura Fernández

Colaboradores

Fundación Fulgencio Meseguer

Unidad	Institución
Almería	Universidad de Almería

Miembros

Carlos Jesús Cano Guillén *(Coordinador)*
Juan García García
José Céspedes Lorente
Miguel Pérez Valls
Raquel Antolín López

Colaboradores

Universidad de Almería
Diputación de Almería

Unidad	Institución
Cádiz	Universidad de Cádiz

Miembros

José Manuel Sánchez Vázquez *(Coordinador)*
Carmen Camelo Ordaz *(Coordinadora)*
Juan Pablo Diánez González

Julio Segundo Gallardo
Noelia Franco Leal
Jaime Guerrero Villegas
María del Mar Bornay Barrachina

Colaboradores

Universidad de Almería
Diputación de Almería

Unidad	Institución
Córdoba	Universidad Loyola Andalucía

Miembros

Emilio Morales Fernández *(Coordinador)*
Joaquín García-Tapial Arregui
Raquel Puente Castro

Colaboradores

Universidad Loyola Andalucía

Unidad	Institución
Granada	Universidad de Granada

Miembros

María del Mar Fuentes Fuentes *(Coordinadora)*
Ana María Bojica Bojica
Francisco Javier Melero Rus
Jenny María Ruiz Jiménez
Matilde Ruiz Arroyo

Colaboradores

Universidad de Granada
Diputación de Granada
Granada Empresas

Unidad	Institución
Huelva	Universidad de Huelva

Miembros

Nuria Toledano Garrido *(Coordinadora)*
Francisco Liñán Alcalde *(Coordinador)*

Elena Carbajal Trujillo
Ana M. Domínguez Quintero
Inmaculada Jaén Figueroa
María Jesús Moreno Domínguez

Colaboradores

Cátedra de la Provincia
Diputación de Huelva
Universidad de Huelva

Unidad	Institución
Jaén	Universidad de Jaén

Miembros

María Jesús Hernández Ortiz *(Coordinadora)*
Raquel Barreda Tarrazona
Lucas Antonio Cañas Lozano
Domingo Fernández Uclés
Elia García Marti
José García Vico
María Gutiérrez Salcedo
María de la Paz Horno Bueno
Alfonso M. Márquez García
Ana Belén Mudarra Fernández
Manuel Carlos Vallejo Martos
Julio Vena Oya

Colaboradores

Universidad de Jaén
Diputación Provincial de Jaén
Cátedra Universitaria de Emprendimiento Fulgencio Meseguer

Unidad	Institución
Málaga	Universidad de Málaga

Miembros

Rafael Ventura Fernández *(Coordinador)*
Sofía Louise Martínez

Colaboradores

Universidad de Málaga
Ayuntamiento de Málaga

Cátedra de Emprendimiento Sostenible
Promalaga

Unidad	Institución

Sevilla

Universidad Pablo de Olavide
Universidad de Sevilla

Miembros

Carmen Cabello Medina *(Coordinadora)*
Francisco Liñán *(Coordinador)*
Antonio Carmona Lavado
Aida del Cubo Molina
José Fernández Serrano
Juan Alberto Hueso Arrabal
Inmaculada Jaén Figueroa
Juan A. Martínez Román
Ana Pérez Luño
Elena Sousa Ginel

Colaboradores

Universidad Pablo de Olavide INNLAB
INNLAB
Universidad de Sevilla
E&I (Gr. Investigación)
Prodetur (Diputación de Sevilla)

Unidad	Institución

Aragón

Universidad de Zaragoza

Miembros

Lucio Fuentelsaz Lamata *(Co-Director GEM-Aragón)*
Consuelo González Gil *(Co-Directora GEM-Aragón)*
Elisabet Garrido Martínez
Jaime Gómez Villascuerna
Minerva González Velasco
Javier Montero Villacampa

Colaboradores

Fundación Aragón Emprende
Cátedra Emprender
Departamento de Presidencia, Economía y Justicia del Gobierno
de Aragón

Evolución y claves de la actividad emprendedora en la Región

Unidad	Institución
Asturias	Universidad de Oviedo
	Miembros

Manuel González Díaz *(Director GEM-Asturias)*
Vanesa Solís Rodríguez *(Directora Técnica GEM-Asturias)*
Marta Fernández Barcala
Susana López Bayón
Irene Martínez López

Colaboradores

Cátedra de Emprendimiento Fundación Caja Rural de Asturias –
Universidad de Oviedo
Principado de Asturias

Unidad	Institución
Baleares	Universidad de las Islas Baleares
	Miembros

Julio Batle Lorente *(Director GEM-Baleares)*
María Sard Bauzá *(Directora Técnica GEM-Baleares)*
Bartolomé Deyá Tortella
César Llorente López

Colaboradores

Institut d'Innovació Empresarial-Govern Balear
Conselleria Transició Energética i Sectors Productius
Laboratori 'Emprendedoria i Innovación Social. Universitat
de les Illes Balears

Unidad	Institución
Canarias	Universidad de Las Palmas de Gran Canaria
	Universidad de La Laguna
	Miembros

Rosa M. Batista Canino *(Directora GEM-Canarias)*
Silvia Sosa Cabrera *(Directora Técnica GEM-Canarias)*
Alicia Bolívar Cruz
Alicia Correa Rodríguez
Ana L. González Pérez
Carmen Inés Ruiz de la Rosa
Desiderio García Almeida

Desiderio Gutiérrez Taño
Domingo Verano Tacoronte
Francisco J. García Rodríguez
Esperanza Gil Soto
Pino Medina Brito
Ana Isabel Lemes Hernández
Lidia E. Santana Hernández

Colaboradores

Gobierno de Canarias – Consejería de Turismo y Empleo
Gobierno de Canarias – Consejería de Economía, Industria, Comercio y Autónomos
Universidad de Las Palmas de Gran Canaria
Universidad de La Laguna

Unidad	Institución
Cantabria	Cátedra Pyme de la Universidad de Cantabria

Miembros

Ana Fernández-Laviada *(Directora Ejecutiva GEM-Cantabria)*
Paula San Martín Espina *(Directora Técnico GEM-Cantabria)*
Carlos López Gutiérrez
Andrea Pérez Ruiz
Sergio Sanfilippo Azofra
Francisco Manuel Somohano Rodríguez
David Robles Elorza

Colaboradores

Catedra PYME
Gobierno de Cantabria – Consejería de empleo y políticas sociales
EMCAN – Servicio Cántabro de Empleo Fundación Caja Rural de Asturias

Unidad	Institución
Cataluña	Institut Metròpoli
	Universitat Autònoma de Barcelona

Miembros

Carlos Guallarte Nuez *(Director GEM-Cataluña)*
Enric Genescà Garrigosa
Joan Lluis Capelleras Segura
Marc Fíguls Sierra
Teresa Obis Artal

Colaboradores

Universitat Autònoma de Barcelona
Diputació de Barcelona. Àrea de Desenvolupament Econòmic, Turisme i Comerç.
Generalitat de Catalunya. Departament d'Empresa i Treball
Institut Metròpoli

Unidad	Institución
Castilla-La Mancha	Universidad de Castilla-La Mancha

Miembros

Juan J. Jiménez Moreno (*Codirector GEM-Castilla-La Mancha*)
Ángela González Moreno (*Codirectora GEM-Castilla-La Mancha*)
Francisco José Sáez Martínez (*Director Técnico GEM-Castilla-La Mancha*)
Rafael Minami Suzuki
Llanos López Muñoz
Adrián Rabadán Guerra
Mª. Cristina Díaz García
Mª. Laura Avellaneda Rivera
Marcos Carchano Alcaraz
Inés Rueda Sampedro

Colaboradores

Universidad de Castilla-La Mancha
Junta de Comunidades de Castilla - La Mancha
Fundación Globalcaja HXXII

Unidad	Institución
Castilla y León	Grupo de Investigación en Dirección de Empresas (GIDE), Universidad de León INEA, Universidad Pontificia de Comillas

Miembros

Daniel Alonso Martínez (*Director GEM-Castilla y León*)
Constantino García Ramos (*Director Técnico GEM-Castilla y León*)
Nuria González Álvarez
José Luis de Godos Díez
Ana Patricia Fanjul Alemany
Ángel Morán Muñoz
Luis Gregorio Holguín Galarón
Alberto Matellán Pinilla
Félix Revilla Grande
Carlos Ballesteros García
Laura Sierra Moral

Colaboradores

Universidad de León
Universidad Pontificia de Comillas

Unidad	Institución

Ceuta — Universidad de Granada

Miembros

Gabriel García-Parada Arias *(Director GEM-Ceuta)*
María José González López *(Directora Técnica GEM-Ceuta)*
José Aguado Romero
Lázaro Rodríguez Ariza
Manuel Hernández Peinado
Sara Rodríguez Gómez
Francisco Javier Blanco Encomienda

Colaboradores

Universidad de Granada
PROCESA: Sociedad Privada Municipal para el Fomento y
Promoción del Desarrollo Socioeconómico de Ceuta S.A.

Unidad	Institución

Comunidad de Madrid — Universidad Autónoma de Madrid

Miembros

Miguel Angoitia Grijalba *(Co-Director GEM-Madrid)*
Yolanda Bueno Hernández *(Co-Directora GEM-Madrid)*
Begoña Santos Urda
Adriana Pérez Encinas
Rubén Mora Ruano
Hermógenes del Real Alvarez
Isidro de Pablo López

Colaboradores

Ayuntamiento de Madrid

Unidad	Institución
Comunidad Valenciana	Universidad Miguel Hernández de Elche

Miembros

José María Gómez Gras *(Director GEM-C. Valenciana)*
Ignacio Mira Solves *(Director Técnico GEM-C. Valenciana)*
Jesús Martínez Mateo
Marina Estrada de la Cruz
Antonio J. Verdú Jover
Mª José Alarcón García
Lirios Alós Simó
Domingo Galiana Lapera
M.º Isabel Borreguero Guerra

Colaboradores

Universidad Miguel Hernández de Elche
Fundación LAB Mediterráneo
Aligrupo
Seur

Unidad	Institución
Extremadura	Fundación Xavier de Salas – Universidad de Extremadura

Miembros

Antonio Fernández Portillo *(Director Ejecutivo)*
Ricardo Hernández Mogollón *(Asesor Senior)*
Adelaida Ramos Mariño *(Equipo Dirección Técnica)*
Nuria Ramos Vecino *(Equipo Dirección Técnica)*
María Calzado Barbero *(Equipo Dirección Técnica)*
Jessica Paule Vianez
María Victoria Postigo Jiménez
Alejandro Hernández Renner
Manuel Almodóvar González
Ángel Díaz Aunión

Colaboradores

Fundación Xavier de Salas
Universidad de Extremadura
Junta de Extremadura Consejería de Economía, Empleo y Transformación Digital
Diputación de Badajoz
Diputación de Cáceres

Cámara de Comercio de Cáceres
Philip Morris Spain
Campón & Martínez-Pereda
CC. NN. Almaraz Trillo
Grupo ROS Multimedia

Unidad	Institución
Galicia	Universidade de Santiago de Compostela (USC)

Miembros

Loreto Fernández Fernández (Directora GEM-Galicia)[1]
Isabel Neira Gómez (Directora Técnica GEM-Galicia)[1]
Emilio Ruzo Sanmartín[1]
Sara Fernández López[1]
Marta Portela Maseda[1]
Jacobo Feás Vázquez[1]
Lucía Rey Ares[1]
Pilar Piñeiro García[1]
María Bastida Domínguez[1]
Nuria Calvo Babío[2]
Ariadna Monje Amor[2]
Esther Barros Campello[2]
Alberto Vaquero García[3]
Ernesto López-Valeiras Sampedro[3]
Ilie Vasilica Cristina[3]
Xavier Martínez Cobas[3]
Yago Atrio Lema[1]
Guillermo Andrés Zapata Huamaní[4]

Colaboradores

Consellería de Promoción do Emprego
e Igualdade. Xunta de Galicia
Confederación de Empresarios de Galicia (CEG)
Secretaría Xeral de Universidades. Xunta de Galicia
1Universidade de Santiago de Compostela
2Universidade da Coruña
3Universidade de Vigo
4Universidad del Pacífico (Perú)

Unidad	Institución
La Rioja	Asociación Observatorio del Emprendimiento y el Desarrollo Empresarial de La Rioja

Miembros

Luis Alberto Ruano Marrón *(Director GEM-Rioja)*
Juan Manuel Domínguez Ortega *(Director Técnico GEM-Rioja)*
Isabel Díez Vial *(Directora Académica)*
José Eduardo Rodríguez Oses
Dolores Alicia Queiruga Dios
Ana Milena Silva Valencia
Sergio Rodríguez-Garnica

Colaboradores

Agencia de Desarrollo Económico de La Rioja (Gobierno de La Rioja)
UNIR- La Universidad en Internet
CaixaBank-Day ONE-Premios Emprende XXI
RICARI Desarrollo de Inversiones Riojanas
Iberaval Sociedad de Garantía Reciproca
Comercial OJA – GRUPO OJA
JIG

Unidad	Institución
Melilla	Universidad de Granada

Miembros

María del Mar Fuentes Fuentes (Directora GEM-Melilla)
Jenny María Ruiz Jiménez
Rocío Llamas Sánchez
Juan Antonio Marmolejo Martín
Matilde Ruiz Arroyo
Ana María Bojica Bojica
Francisco Javier Melero Rus
Sufia Mohand Amar

Colaboradores

Universidad de Granada

Unidad	Institución
Murcia	Universidad de Murcia

Miembros

Alicia Rubio Bañón *(Directora GEM-Murcia)*
Nuria Nevers Esteban Lloret *(Directora Técnica GEM-Murcia)*
Catalina Nicolás Martínez
Gabriel Lozano Reina
Gregorio Sánchez Marín
José Andrés López Yepes
Juan Samuel Baixauli Soler
María Belda Ruiz
María Feliz Madrid Garre
Mercedes Palacios Manzano
Antonio Paños Álvarez
María Pemartín González-Adalid

Colaboradores

Consejería de Empresa, Empleo y Economía Social
Instituto de Fomento de la Región de Murcia
Caixabank
Fundación CajaMurcia
Fondo Europeo de Desarrollo Regional
Centro Iniciativas Municipales de Murcia
Cátedra de Emprendedores
Universidad de Murcia

Unidad	Institución
Navarra	Universidad Pública de Navarra-INARBE
	CEIN
	Universidad de La Rioja
	University of Southern Denmark (SDU)

Miembros

Ignacio Contin Pilart (Co-Director GEM-Navarra)
Martin Larraza Kintana (Co-Director GEM-Navarra)
Cristina Bayona Saez
Lucía Garcés Galdeano
Paula Anzola Román
María Blanca Palacios Navarro
Lucía Nieto Sádaba
Uxue Itoiz Mariñelarena

Raquel Orcos Sánchez
Víctor Martin Sánchez

Colaboradores

Universidad Pública de Navarra- INARBE
Gobierno de Navarra – CEIN

Unidad	Institución
País Vasco	EEB-OVE, Observatorio Vasco del Emprendimiento Universidad del País Vasco UPV/EHU Deusto Business School Mondragón Unibertsitatea Universitat Autònoma de Barcelona Universitat Rovira i Virgil

Miembros

María Saiz-Santos *(Directora GEM-País Vasco)*
Jon Hoyos Iruarrizaga *(Codirector Técnico GEM-País Vasco)*
Zaira Vicente Adame
José L. González-Pernía *(Director Técnico GEM-País Vasco)*
Iñaki Peña Legazkue
Alaitz Zabala Zarauz
Valery Chistov
Nerea González Eguia
Aimar Basañez Zulueta
David Urbano Pulido
Rebeca Martín Diez

Colaboradores

Grupo SPRI, Agencia Vasca de Desarrollo Empresarial
Gobierno Vasco. Desarrollo Económico, Sostenibilidad y Medio Ambiente
Diputación Foral de Bizkaia
Diputación Foral de Gipuzkoa
Diputación Foral de Araba
FESIDE

Unidad	Institución
Trabajo de campo GEM España	Instituto Opinòmetre (Barcelona, Madrid, Valencia, Palma de Mallorca)

Miembros

Josep Ribó *(Director gerente)*
Joaquín Vallés *(Dirección y coordinación técnica)*

Colaboradores

Observatorio del Emprendimiento de España – RED GEM España

Anotaciones

Anotaciones